다르게*
보는 눈

다르게 사는 눈

다르게* 보는 눈

팔리는 브랜드로 살아남는 한 끗 차이

김상률 지음

송북스

프롤로그

"뺏어서라도 다르게 보는 눈을 갖고 싶다"

나는 '브랜드 경험 박사'다. 지난 20년 동안 전 세계 43개국 80여 개 도시를 여행하고 500여 개 기업 브랜드를 컨설팅하며 대학에서 브랜드에 대해 강의하고 있다. 책상에 앉아 동영상을 통해 눈으로 보고 귀로 들을 수는 있어도 직접 체험하지 못하면 다른 감각의 경험을 느끼기 어렵다. 다양한 감각을 활용하는 방법을 익히고 브랜드 경험을 통한 차별화 사례들을 발굴하기 위해 해외를 수없이 돌아다녔다.

    나는 타고난 창의성을 가진 사람이 아니다. 처음 브랜드 네이밍 프로젝트에 참여했을 때의 일이다. 많은 단어들을 찾아서 단어의 합성 및 조합만 열심히 했지만 내가 개발한 네임 안은 후보에 오르지 못했다. 다음 프로젝트를 진행할 때도 열심히 했으나 후보에 오를 만한 네임을 제시하지 못했다.

창의성이 많이 부족하다는 생각을 했고, 이 직업이 나에게 잘 맞지 않을 수도 있겠다 싶었다. 그때 나의 사수였던 분이 단어를 조합할 때 어떤 점을 고려하는 게 좋은지 알려주셨다. 한마디로 남들과 '다르게 보는 눈'을 가져야 한다는 말씀이었다. 타고나진 않았지만 후천적인 노력으로 그렇게 조금씩 창의성을 얻기 위해 노력했다.

단어를 볼 때 발음이 비슷한 알파벳을 다르게 표현한다거나(예를 들어 B를 V로, F를 P로 대체), 주위의 사물들을 유심히 살펴보고 이들을 네임 안으로 개발하기 시작했다.

남들이 보지 못하는 것

창의성도 후천적인 노력에 의해 생길 수 있다. 한 패션 브랜드의 사례는 내게 다르게 보는 눈을 가져야 할 이유를 다시 한번 확실히 확인해주었다.

LOOKS

'LOOKS'라는 단어가 있다. '표정, 모양새'를 뜻한다. 이 단어를 활용해 학생용 교복 브랜드 네임을 만들어야 하는 상황이다. 어떻게 활용할 수 있을까?

다른 단어를 합성해서 만드는 방법이 있다. 예를 들어 'student looks'처럼 학생용 교복임을 직관적으로 표현하기 위해 'student'라는 단어를 쓸 수 있다.

다르게 보는 눈으로 'LOOKS'라는 단어를 다시 살펴보자. 생각지도 못한 좋은 아이디어를 얻을 수 있다.

'LOOKS'라는 단어를 왼쪽으로 뒤집어보자. '스쿨 $SKOOL$'이라는 단어가 된다. 발음상 학교를 뜻하는 '스쿨 $SCHOOL$'과 같다.

SKOOLOOKS

'SKOOL'과 'LOOKS'를 합성하면 '스쿨룩스 $SKOOLOOKS$'가 되어 쉽게 교복을 연상할 수 있다.

이처럼 다르게 보는 눈으로 단어를 바라보고 기존과 다른 시각으로 접근하면 남들이 보지 못하는 것을 볼 수 있다.

게임 브랜드 네임 프로젝트를 진행할 때 게임에 대한 반응을 키워드로 뽑아낸 적이 있다. 기쁨의 표현 중 하나로 '좋다'라는 단어를 활용하고 싶었다. 영어로 'GOOD'이라는 단어가 떠올랐다. '단순 좋다'보다는 '좋아 좋아'로 표현하면 어떨까라는 생각이 들었다.

GOOD

'GOOD'이라는 단어를 써봤다. '좋아 좋아'는 'GOOD GOOD'으로 표현할 수 있는데, 왠지 식상해 보였다. 다르게 보는 눈이 필요했다.

게임할 때의 짜릿함과 흥분되는 감정이 떠올랐고, '두근거림'이라는 단어가 생각났다. 'GOOD GOOD'이라는 글자를 자세히 보니, 이 감정을 표현할 수 있을 것 같았다. 두 단어를 옆으로 뒤집어봤다.

DOOGDOOG

게임할 때의 두근거림을 뜻하는 '두그두그 DOOGDOOG'라는 네임은 이렇게 만들어졌다.

안타깝게도 게임 회사의 사정으로 세상에 나오지 못했지만, 두근거림을 잘 표현할 수 있는 네임이라고 생각한다.

ExBeerience

맥주를 판매하고 경험할 수 있는 공간에 대한 브랜드 네임을 만든다고 생각해보자. 맥주라는 단어 'Beer'와 경험이라는 단어 'experience'를 어떻게 합성해야 할지 고민할 것이다. 누군가는 '비어엑스 Beer X'라는 네임을 만들 수도 있다.

다르게 보는 눈으로 보자. 우선 단어가 긴 'Experience'를 분석한다. 왠지 이 단어 안에 'beer'를 넣을 수 있지 않을까 생각해본다. 'Exper'가 눈에 들어온다. 여기서 'per'를 'beer'로 바꿔본다. '익스비어리언스 ExBeerience'라는 네임을 만들 수 있다. 맥주를 경험할 수 있는 공간 네임으로 어떠한가?

공을 들이지 않으면 운은 없다

앞서 이야기한 대로 나는 선천적으로 창의성을 타고난 사람이 아니다. 하지만 나는 창의성을 키우기 위해 사물을 달리 보려고 노력했다. 다르게 보는 눈을 가지려고 했다. 강의를 할 때도 잘한다는 소리를 듣기 위해 강의 내용, 태도 등을 다르게 하려고 노력했다. 어느 순간에 청중들을 웃겨야 할지와 언제 어떤 질문을 해야 효과적일지를 계산했다. 늘 기존과는 다르게 하려고 노력했다. 결과적으로 강의 평가는 언제나 좋았다.

운

'운'이라는 단어는 우리들 생활 속에서 자주 쓰는 단어다. 좋은 일이 생겼을 때마다 "운이 좋아서 그런 거야"라는 표현도 많이 한다. 단순히 '운'이 좋아서 좋은 일이 생긴 걸까? '운'이라는 단어를 아래로 뒤집어 보자.

공

'공'이라는 단어가 된다. '공功'이라는 단어는 공로의 줄임말로 일을 마치거나 목적을 이루는 데 들인 노력과 수고를 말한다. '공'을 들이지 않으면 쉽게 '운'은 따라오지 않는다. 다르게 보는 눈도 태어나면서 생겨나는 것이 아닌 후천적인 노력에 의해 만들 수 있다.

내가 책의 주제를 '다르게 보는 눈'으로 성하면서 혹시나 독자들이 다르게 보는 방법을 알려주는 책으로 오인할 수도 있겠다는 우려도 생겼다. 이 책은 다르게 보는 비법을 알려주는 책은 아니다. 다만, 남들과 다르게 보기 위해 무엇을 알아야 하는지에 관한 기본적인 내용을 다루었을 뿐이다. 비즈니스, 서비스, 브랜드, 커뮤니케이션 등에서 다르게 보는 눈을 통해 차별화에 성공한 사례들을 소개하고자 한다.

성공과 실패를 가르는 한 끗 차이

브랜드 컨설팅 프로젝트를 진행하면 클라이언트들에게 단골 멘트처럼 듣는 말들이 있다.

"우리 브랜드를 남다르게 만들어주세요", "우리 브랜드를 차별화시킬 수 있는 브랜드 전략이 없을까요?", "우리 브랜드를 알리는 기발한 커뮤니케이션 방법은 없을까요?"

차별화에 대한 갈증은 늘 따라다닌다. 최근 10년 동안 중소기업이나 스타트업 기업들에 자문하면서 그들도 차별화를 이슈화시킨다는 것을 알았다.

"대기업과 차별화된 중소기업만의 전략이 없을까요?", "스타트업 기업이 가져가야 할 차별화 전략은 무엇인가요?"

이처럼 차별화는 기업을 운영하는 사람이라면 누구나 고민하게 되는 과제다. 물론 나 역시도 프로젝트를 진행하면서 차별화를 가장 중요한 주제로 다루어왔고, 차별화를 이루기 위한 전략이 늘 숙제였다.

차별화라는 용어는 언제부터 이처럼 중요한 개념이 된 것일까? 차별화가 제일 먼저 등장한 것은 마케팅 분야였다. 기업의 생존을 위해 남다른 상품을 만들어 고객들에게 차별화된 경험을 제공해야 한다고 강조하던 개념이 비즈니스, 서비스, 콘셉트, 브랜드, 디자인, 커뮤니케이션 등 다양한 분야로 확산되어 활용되고 있다. 이제는 거의 모든 분야에서 '남과 달라야 경쟁에서 살아남을 수 있다'라고 생각한다.

남과 다르기 위해서는 어떻게 해야 할까? 이 질문에 대해 많은 전문가들이 자신만의 생각과 방법들을 내놓고 있다. 잭 트라우트Jack Trout와 알 리스Al Ries의 《포지셔닝》, 문영미 교수의 《디퍼런트》, 세스 고딘Seth Godin의 《보랏빛 소가 온다》, 빌 비숍Bill Bishop의 《핑크펭귄》, 조수용 대표와 홍성태 교수의 《나음보다 다름》 등 차별화에 관한 주제를 다룬 책들이 많이 등장했다. 각 책들을 살펴보면 "남과 달라야 살아남을 수 있다"라는 내용을 담고 있다. 그런데 다름에 대해 구체적으로 구분을 해놓은 책은 거의 없다. '차별화하려면 무엇을 해야 한다' 식의 제시는 있지만 다름을 바라보는 시각은 대동소이한 것 같다.

그중 《나음보다 다름》을 읽고 왜 '다름'이 중요한지를 인식할 수 있었다. 모두가 남들과 다른 전략을 실행한다면 모두 성공을 해야 할 것이다. 하지만 현실에서는 그렇지 못한 경우가 더 많다. 왜 '다름'을 강조한 비즈니스, 서비스, 마케팅, 브랜딩이 모두 다 성공을 하지 못하는 걸까?

나는 이에 대한 의문을 풀어보기 위해 이 책을 쓰기 시작했다. 우리에게는 다름을 구분할 줄 아는 시각이 필요하다. 누구나 '다름'을 실천할 수 있다. 단순히 경쟁자가 하지 않는 것을 하면 그 또한 다름이다. 하지만 '단순한 다름'과 '의미 있는 다름'을 구분하는 것에서 성공과 실패가 갈린다.

독자들이 이해하기 쉽게 설명하자면 단순한 다름은 차별이고, 의미 있는 다름은 차별화다.

누구나 할 수 있는 다름 말고!

누구나 단순한 다름을 실천할 수 있다. 경쟁자들과 조금만 다르면 되기 때문이다. 그러나 우리에게 필요한 것은 누구나 할 수 있는 단순한 다름이 아닌 의미 있는 다름이다.

이 둘을 구분하는 기준은 무엇일까. 바로 고객의 공감을 얻을 수 있는지의 여부다. 고객이 기업에서 제공한 다름에 공감한다면 차별화, 공감할 수 없다면 차별에 그치고 만다.

과연 고객의 공감을 얻으려면 어떻게 해야 할까?

한마디로 자기다움을 가져야 한다. 자신의 아이덴티티를 명확히 해야 차별화에 성공할 수 있다. 자기다움은 경쟁자와 차별화를 이루는 동시에 고객들의 공감을 불러일으킬 수 있는 가장 강력한 무기다. 자기다움을 알아주는 한 명의 충성도 높은 고객이 단순히 선호도를 가진 열 명의 고객보다 더 중요하다는 말은 여기서 비롯한다. 즉 일당백一當百의 역할을 한다. 자기다움을 인정받은 브랜드는 경쟁사 대비 차별화를 이루는 데 매우 유리하다.

그렇다면 자기다움은 어떻게 구축할 수 있을까? 이것이 차별화의 핵심이다. 마케팅에서는 전략 구축 시 SWOT 분석*을 자주 활용한다. 먼저 자신의 강점과 약점을 이해하고 기회 요인과 위협 요인을 분석한 후, 강점을 강화시키고 약점을 보완하며 기회를 활용하고 위협에 대처하는 방안을 제시한다. 이러한 분석 과정은 자기다움을 만드는 데 매우 중요한 역할을 한다. 자신의 몸집에 대한 이해가 선행될 때 자기다움을 구축할 수 있고 경쟁사와도 다름을 실행할 수 있다. 이러한 과정을 통해 고객들에게 공감을 얻어야 의미 있는 다름, 즉 진정한 차별화를 이룰 수 있다.

브랜드 네이밍 프로젝트를 진행하다 보면 브랜드 네임 안들에 대한 선호도 조사를 실시하기 마련이다. 그런데 이때 최종 브랜드 네임은 선호도 1순위보다 결정권자의 마음에 드는 것으로 결정되곤 한다. 간혹 기업을 경영하는 대표들 중에는 자신이 모든 것을 다 알고 있다고 자만하는 이들이 있다. 그 입장에서는 고객 선호도 조사의 결과는 무의미한 수치들일 뿐이다. 실제로 많은 프로젝트가 결정권자 입맛에 맞는 브랜드 네임을 개발하는 것으로 끝나기도 한다. 만약 기업의 경영을 책임지는

- SWOT 분석은 기업의 내부 환경을 분석해 강점과 약점을 발견하고 외부 환경을 분석해 기회와 위협을 찾아내 이를 토대로 강점은 살리고 약점은 보완, 기회는 활용하고 위협은 억제하는 마케팅 전략을 수립하는 것을 의미한다(S-Strength, W-Weakness, O-Opportunity, T-Threat).

위치에 있는 사람이라면 자기다움에 대해 끊임없이 질문해야 한다. 자기 회사의 규모와 커뮤니케이션에 집행될 예산 등을 고려하지 않는다면 차별화에 실패할 확률은 불을 보듯 뻔해진다.

먼저 나 자신을 알자. 반드시 기억하자. 고객은 언제나 옳다. 하지만 고객에게만 귀를 기울여 자신의 몸집에 맞지 않는 옷을 입는다면 차별화에 실패할 확률 또한 높다.

이 책은 차별화를 이루기 위해서는 왜 자기다움을 명확히 해야 하는지, 다르게 보는 눈이 왜 필요한지를 끊임없이 생각해보도록 이끌 것이다. 다르게 보는 눈을 가지면 경쟁자와 차별화된 나만의 한 끗을 가질 수 있다. 남과 다른 나만의 한 끗 차이, 다르게 보는 눈을 가져보자.

이 책은 크게 5장으로 구성되어 있다. 먼저 1장에서는 기업체 브랜드 컨설팅, 창업기업들의 교육과 자문을 통해 얻은 경험, 해외 43개국 80개 도시를 다니면서 경험한 차별화 사례들을 바탕으로 자기다움의 중요성과 다르게 보는 눈이 왜 필요한지를 언급한다.

2장에서는 비즈니스에 있어 다르게 보는 눈이 차별화에 어떤 영향을 미칠 수 있는지를 보여주는 사례들과 서비스 및 콘셉트의 차별화 사례들에 대해 설명한다.

3장에서는 자기다움을 표현하는 브랜드 아이덴티티의 개념에 대해 설명하고, 브랜드 아이덴티티를 이루는 요소들과 도시 브랜드의 차별화 사례들을 설명한다.

4장에서는 다르게 보는 눈으로 접근한 커뮤니케이션의 차별화 사례들과 감각적 경험에 관한 연구 및 감각적 요소를 활용한 커뮤니케이션 차별화 사례들에 대해 설명한다.

5장에서는 창업한 지 7년 만에 코스닥 시장에 상장한 (주)푸드나무(랭킹닭컴)의 자기다움 구축하기, 자기다움을 잘 표현할 브랜드 개발하기, 자기다움으로 브랜드 전달하기 등 차별화 성공 사례에 관해 이야기하고자 한다.

나는 차별화를 위해 어떤 법칙을 따라야 한다는 식의 설명은 가급적 하지 않으려고 했다. 차별화를 위한 요소들을 내세우기에는 아직 이론적 근거도 부족하고, 학자로서 부족함도 많다고 느낀다. 다만 내 경험과 다양한 실제 사례들을 독자들에게 전달하는 데 있어서 다음과 같은 세 가지 기준을 가장 우선적으로 세웠다.

첫째, 차별(단순한 다름)과 차별화(의미 있는 다름)의 차이를 쉽게 이해할 수 있게 설명했는가?
둘째, 쉽게 공감할 수 있는 사례들인가?
셋째, 브랜드 구축에 잘 적용할 수 있는가?

마케팅, 브랜딩, 광고, 디자인을 공부하는 학생들, 마케터나 브랜드 매니저로 첫발을 내딛는 사람들, 창업을 준비하는 예비 창업가들이 지금 즉시 전략에 활용해도 좋을 효과적인 정보들을 담기 위해 노력했다. 이외에도 지방 자치 시대에 공공 영역의 브랜드 가치가 점점 주목을 받는 분위기 속에서 도시와 지역의 브랜드를 담당하는 공무원들에게도 도움이 되기를 바란다.

    기업의 브랜드를 넘어 각 개인들의 브랜드로도 확장할 수 있는 다름이라는 개념을 독자들이 이해하고 받아들인다면 그보다 감사한 결과는 없을 것이다. 차별과 차별화의 차이가 무엇인지, 자기다움을 어떻게 구축할 것인지를 이해하고 다르게 보는 눈을 갖게 되는 계기가 되기를 바란다.

2020년 가을을 기다리며.

김상률

차례

프롤로그
"뺏어서라도 다르게 보는 눈을 갖고 싶다" 5

1장
단순한 다름을 넘어 자기다움이 필요한 시대

1. 차별화 선언, 게임의 방식을 뒤집은 사람들　　　　　　　　25
2. 차별화 케이스 ① - 고객은 재미로 지갑을 열지 않는다　　　35
3. 차별화 케이스 ② - 책을 팔지 않고도 살아남은 서점　　　　39
4. 차별화 케이스 ③ - 세계 유일의 엘리베이터를 가진 호텔　　43
5. 차별화 케이스 ④ - 비즈니스 철학을 파는 식품회사　　　　49
6. 차별화 케이스 ⑤ - 고객의 자기다움을 주목하라　　　　　　54
7. 차별화 케이스 ⑥ - 브랜드 네임이 브랜드를 결정한다　　　62
8. 차별화 케이스 ⑦ - 자기다움과 브랜드 아이덴티티　　　　　73

2장
한 끗이 다른 비즈니스의 세 가지 조건

1. 새로운 고객경험, 비즈니스 모델의 시작과 끝　　　　　　　99
2. 단 하나의 콘셉트, 남다른 것이 하나라도 있는가　　　　　112
3. 고객의 공감, 서비스를 완성하는 마지막 퍼즐　　　　　　118

3장
차별화된 브랜드 전략을 만드는 열 가지 기본 코드들

1. 브랜드 아이덴티티, 코카콜라는 어떻게 즐거움을 파는 기업이 됐나   **127**
2. 브랜드 네임, '마더'가 에너지 음료 이름이 된 이유   **134**
3. 디자인, 로고에 숨겨진 메시지를 찾게 만들라   **152**
4. 징글, 말없이 사람들을 중독시키는 법   **164**
5. 슬로건, 묵직하고 위트 있는 한 방의 메시지   **170**
6. 캐릭터, 아이부터 어른까지 모두 사로잡아라   **176**
7. 패키징, '푸른색 오렌지'가 선택받을 수 있을까?   **182**
8. 컬러, 1킬로미터 밖에서도 보이는 브랜드   **198**
9. 굿즈, 다이어리 맛집이 된 '스벅'   **205**
10. 도시, 브랜드로 다시 태어나다   **214**

4장
고객에게 직관적으로 통하는 브랜드 커뮤니케이션

1. 남다르게, 하지만 일관되게 브랜딩하는 그들   **227**
2. 스타벅스와 맥도날드에서 우리가 느끼는 것들   **241**
3. 고객의 눈부터 압도하라   **248**
4. 이케아는 왜 쇼핑카트 소리를 녹음했을까   **259**
5. 향기는 기억보다 오래 남는다   **265**
6. 백 마디 말보다 한 번의 터치   **278**
7. 미식가들의 시대를 살아가는 법   **291**

5장
자기다움으로 고객의 공감을 얻다
(주)푸드나무의 차별화 성공 사례

1. 닭가슴살 플랫폼 서비스의 시작   **305**
2. 자신이 가장 잘할 수 있는 일을 찾아라   **307**
3. 브랜드 철학을 직원과 고객에게 공유하라   **314**
4. 몸집에 맞는 채널로 커뮤니케이션하라   **321**
5. 자기다움을 실천하라   **326**

에필로그
차갑게 식어버리는 다름 vs 뜨겁게 타오르는 다름   **329**

1장

단순한 다름을 넘어 자기다움이 필요한 시대

차별화 선언,
게임의 방식을 뒤집은
사람들

1

20년 전, 브랜드 관련 프로젝트와 교육을 시작하던 때를 돌이켜보면서 브랜드의 정의를 다시금 짚어보기로 했다. 미국마케팅협회에서는 "브랜드란 자신의 회사, 제품 또는 서비스에 정체성*identification*을 부여하고 경쟁자의 회사, 제품 또는 서비스와 차별화*differentiation*시키기 위해 사용되는 이름, 디자인 또는 이들의 모든 결합체를 말한다"라고 정의한다. 정체성이란 '자기다움' 또는 자신을 잘 드러내어 표현하는 것을 의미한다. 차별화도 "남들과 달라야 한다"는 의미에서 '자기다움'과 관련된 의미다.

단순한 다름과 의미 있는 다름

브랜드 컨설팅과 관련된 프로젝트를 의뢰하는 클라이언트를 만나보면 대부분 어떻게 하면 경쟁사와는 다른 차별화된 브랜드를 구축할 수 있는지에 대해 언급한다. 그런데 간혹 자신의 정체성을 고려하지 않고 차별화에만 집중하는 클라이언트들이 있다. 자신의 강점을 강화시키고 약점을 강점으로 바꿀 수 있을 때 진정한 차별화를 이룰 수 있다는 것을 간과하고 있는 것이다. 단순한 다름만으로 이뤄낸 성공은 그리 진정한 차이를 만들어내지 못한다.

누구나 쉽게 다름을 이야기하고 실천할 수 있다. 다름은 어려운 개념이 아니다. 남들이 하지 않는 행위나 생각을 할 때, 그러한 것들을 다름이라 부른다. 즉 남들과 조금만 달라도 다름이라고 구분해 의미를 부여할 수 있다. 하지만 다름에도 차이가 있다. 단순한 다름과 의미 있는 다름을 구분할 필요가 있다. 내가 '차별 대 차별화'라고 구분 지어 일컫는 것들이다.

차별화를 가장 적극적으로 추구하는 집단이 바로 기업이다. 기업은 경쟁자보다 나은 제품이나 서비스를 통해 소비자들을 만족시키고 이윤을 추구한다는 목적을 갖고 있다. 자연스레 경쟁자와는 다른 결과물을 추구하기 마련이다. 그런 덕분에 모든 기업들은 비즈니스, 콘셉트, 서비스, 브랜드, 마케팅, 디자인 등 기업 활동의 모든 분야에서 자신들이 차별화됐다고 관습적으로 말한다. 만약 차별화가 정말 성공의 핵심이고, 비즈니스 세계의 모든 기업이 정말 차별화되었다면, 모두 사업적으로 성공해야 그 등식이 성립된다. 그런데 대다수 기업이 고만고만한 성장에 머물

뿐이다. 그 이유는 다름에 대한 다른 시각을 갖지 못했기 때문이다. 즉 많은 사람들이 단순한 다름과 의미 있는 다름을 구분하지 못하고 있다.

경영학에서 다루는 마케팅 용어 중 'STP 전략'이라는 개념이 있다. 'S'는 시장 세분화 segmentation 전략을, 'T'는 표적 시장 선정 targeting 전략을, 'P'는 포지셔닝 positioning 전략을 의미한다. 그중 포지셔닝은 경쟁자와 달리 자신이 강점을 확보한 위치를 의미한다. 잭 트라우트와 알 리스도 《포지셔닝》에서 이렇게 정의한다. 포지셔닝은 "소비자들의 마음속에 자사 제품의 바람직한 위치를 형성하기 위해 제품의 효과와 이익을 개발하고 커뮤니케이션하는 활동"이다. 결국 포지셔닝이란 '나는 어떻게 다른가 How?', '왜 그것은 다른가 Why?'라는 질문들의 답을 찾는 과정이자, 차별화의 또 다른 이름인 셈이다.

2011년 하버드 경영대학원 종신교수인 문영미 교수는 《디퍼런트》에서 '진정한 차별화란 무엇인가?'라는 주제를 다루면서 애플, 도브, 할리데이비슨 같은 브랜드들을 예로 들어 그 의미를 설명했다. 그중 차별화에 대해 설명한 몇몇 문장들은 눈에 띈다.

"차별화를 이루기 위해서는 지금 존재하고 있지 않은 새로운 가치를 들고 나와야 한다. 기존 사고의 틀 안에서는 결코 새로운 아이디어를 만들어낼 수 없기 때문이다."

"진정한 차별화란 기존의 시장 흐름으로부터 벗어나면서, 동시에 사회적으로 중요한 의미를 지녀야 한다. 즉 차별화의 시도가 사회적인 반향을 일으켜야 한다. 지금까지 수많은 브랜드들이 차별화를 추구해왔다. 하지만 그중 일부만이 진정한 차별화에 성공했다. 이들은 모두 사회적인 공명을 일으킨 브랜드들이다."[1]

앞서 말한 대로 많은 브랜드들이 차별화를 시도한다. 하지만 그중 일부만 성공한다는 데 주목할 필요가 있다. 사회적으로 공명을 일으킨 브랜드, 고객들의 공감을 얻은 브랜드만이 성공이라는 과실을 수확한다. 바로 이 지점에서부터 다름에 대한 다른 시각을 검토해보기로 한다.

앞서 차별화와 차별을 구분하는 기준은 고객이 공감할 수 있는 의미 있는 다름과 단순한 다름으로 나뉘게 되는 차이라고 설명했다. 비즈니스, 브랜드, 마케팅에 관련된 차별화를 이야기하려면 결국 고객들의 공감을 얻을 수 있느냐가 관건이다. 기존 기업들의 마케팅은 생산자의 관점에서 이루어졌다. 생산자의 수가 적었던 시절에는 물건을 만들기만 하면 소비자에게 쉽게 팔렸기 때문에 차별화가 별로 중요하지 않았다. 그러나 생산자의 수가 많아지고 소비자가 선택할 수 있는 폭이 크게 늘어난 시대로 접어들면서 차별화는 기업 마케팅에 매우 중요한 요소로 자리 잡았다.

단순한 다름으로 끝나지 않으려면

생산자와 소비자 사이를 이어주는 차별화 전략의 경험을 소개하기에 앞서 일상에서 흔히 지나치기 쉬운 단순한 다름에서 차별화의 물꼬를 튼 사례를 살펴보면 이해의 폭을 더욱 넓힐 수 있다. 과거에는 높이뛰기 경기에서 모두 앞으로 뛰어서 장대를 넘었다. 이러한 뛰기 방식을 '웨스턴 롤Western Roll'이라 불렀다. 그런데 1968년 멕시코 올림픽을 앞두고 고등학교 육상선수였던 딕 포스베리Dick Fosbury는 고교 대회 출전 기준인 1.5미터를 넘지 못해 고민에 빠져 있었다. 그는 자신의 신체적 불리함을 극복하기 위해 다양한 방식을 연습했다. 마침내 온갖 노력 끝에 다르게 보는 눈으로 기존의 발상을 완전히 뒤집어 몸을 뒤로 뒤집고 배를 위로 한 채 뛰는 배면뛰기 방식을 떠올리기에 이르렀다. 만약 그 과정에서 그가 육상경기라는 틀 안에서만 생각했다면 말 그대로 생각과 몸을 뒤집는 결과를 내지 못했을 것이다. 그는 연습 도중 우연히 수영장에 들러 수영경기를 보다가 배영 선수들의 영법을 보면서 뒤로 뛰는 방식을 적용하면 좋겠다고 생각했다. 그리고 이를 실제로 높이뛰기 경기에 적용해 기록을 세우는 한편, 육상경기의 패러다임을 바꾸는 계기를 마련했다. 포스베리의 배면뛰기 사례는 비즈니스에서도 동종업계에서만 아이디어를 찾을 것이 아니라, 이종업계에서 일어나고 일들을 예의주시하며 문제 해결의 실마리를 찾아볼 필요가 있음을 시사한다.

하지만 당시 포스베리의 시도를 두고 스포츠계에서는 한마디로 '미친 짓'이라는 반응을 보였다. 그와 가장 가까운 코치부터 배면뛰기 방식이 말도 안 되는 기술이라며 말렸다. 지역 신문에서는 그의 점프 방식을 보고 "배에서 펄떡이는 물고기 같다"거나 그를 "세상에서 가장 게으른

포스베리 이전에는 모두 앞으로 뛰어서 장대를 넘었다.

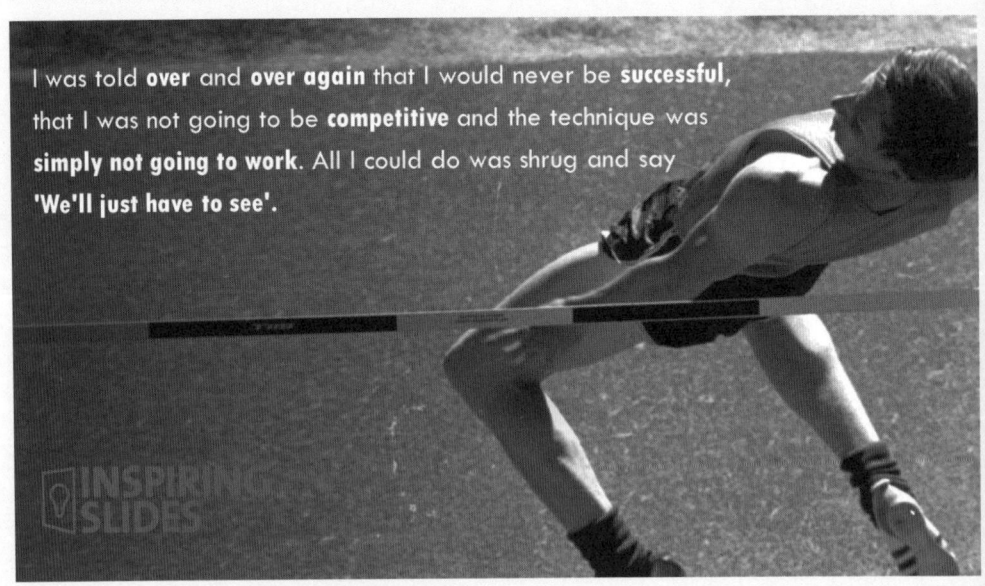

모두의 비웃음과 예상을 뒤집은 포스베리의 배면 뛰기 모습.

높이뛰기 선수"라면서 비웃었다. 하지만 그는 점점 기록을 향상시켰고, 마침내 1968년 멕시코 올림픽 미국 대표로 출전하게 됐다. 그 결과 금메달을 따는 것은 물론, 세계 신기록까지 경신했다. 모두의 비웃음과 예상을 뒤집고 배면뛰기, 혹은 그의 이름을 딴 포스베리 백 플롭Fosbury Back Flop의 위력을 세계에 떨친 순간이었다.

만약 포스베리가 남다른 방식으로 배면뛰기를 했음에도 불구하고 올림픽 금메달과 세계 기록 경신이라는 위업을 달성하지 못했다면 그의 시도는 단순한 다름으로 끝났을 것이다. 결과적으로 남다른 행동에 그치지 않고 '의미'를 이뤄냈기 때문에 차별화에 성공한 것이다. 그는 신체의 불리함을 극복하기 위한 끊임없는 시도와 발상의 전환, 즉 자기다움을 발견해 높이뛰기에서 차별화의 요소를 끄집어냈다.

보헤미안 랩소디의 싱어롱과 월간 윤종신

2018년 하반기의 극장가를 떠들썩하게 만든 영화가 있다. 그 영화의 제목은 《보헤미안 랩소디》로 그룹 퀸의 성장 과정, 그리고 리더이자 보컬인 프레디 머큐리Freddie Mercury의 삶을 조명한 영화다. 한국에서 총 994만 4천여 명의 관객을 동원해 TV 다큐멘터리에서 하나의 문화현상으로 자리 잡은 이 영화를 다룰 정도로 큰 화제를 불러일으켰다.

사실 개봉 당시에 이 영화가 이렇게 흥행 돌풍을 일으킬 것이라고 예측한 영화평론가들은 많지 않았다. 퀸 그룹을 아는 세대는 40대 이상이었기에 20, 30대 관객을 사로잡기에는 한계가 있다고 보았다. 그러나 뚜껑을 열어보니 이 영화는 20대부터 60대까지 다양한 관객층을 사로잡았고, 두 번 이상 관람한 이들도 많았다. 심지어는 영화관에 모여 영화에서 나오는 퀸의 노래들을 함께 부르는 '싱어롱'이라는 새로운 트렌드를 이끌기도 했다.

이 영화는 어떻게 퀸을 잘 모르는 20대에게도 성공할 수 있었을까? 결국은 공감이었다. 퀸의 노래는 시대를 초월해서 젊은 세대들에게도 공감의 울림을 일으켰다. 젊은 세대에서 노년층에 이르는 다양한 연령층을 아우를 수 있고, 모두가 공감할 수 있는 노래였다.

영화 속에서는 메이저 음반사 임원이 〈보헤미안 랩소디〉를 혹독하게 깎아내리며 "이런 노래를 차 안에서 들으며 머리를 흔들 10대는 아무도 없을 것"이라면서 비난하는 장면이 있었다. 또한 기존의 노래들이 거의 3분 이내인 데 반해 보헤미안 랩소디는 6분이 넘었기 때문에 너무 길어서 라디오에서 틀어주지 않을 것이라는 이유로 발매를 꺼려하기도 했다. 또한 오페라, 락, 헤비메탈이 융합된 노래의 구성은 기존에 없던 형태였기 때문에 대중들에게는 낯설어서 흥행하지 못할 것이라고 혹평했다. 그러나 라디오를 통해 소개된 〈보헤미안 랩소디〉는 빠르게 청중들에게 호응을 얻었고 40년이 지난 오늘날까지 뜨겁게 사랑받고 있다.

만일 〈보헤미안 랩소디〉가 기존 노래들의 방식에 맞춰서 3분 내외로 시간을 맞추고, 오페라, 락, 헤비메탈이 융합된 새로운 형식이 아니었다면 청중의 호응을 얻을 수 있었을까? 이 부분에서 퀸의 〈보헤미안 랩소디

〉는 기존 음악을 다르게 보는 눈과 퀸의 자기다움을 통해 청중들의 공감을 얻은 사례로 음악에 있어서도 차별화가 왜 중요한지를 잘 보여주었다.

국내로 눈을 돌려보면 90년대에 등장한 서태지와 아이들의 〈난 알아요〉가 하나의 사례가 될 수 있다. 이 노래가 처음 선을 보였을 때 음악 평론가들의 평가는 무척 박했다. 누가 이런 낯선 노래를 좋아하겠느냐는 반응이 많았다. 그러나 이 '낯선 노래'는 오히려 젊은 대중들에게 새로움으로 다가왔고 서태지와 아이들만의 노래에 어울리는 새로운 스타일의 댄스까지 어우러져서 젊은 층을 중심으로 인기를 넘어 하나의 열풍으로 이어졌다.

〈보헤미안 랩소디〉와 〈난 알아요〉 두 곡은 당시에 주류를 이루고 있던 기존 스타일과는 매우 달랐고, 자기다움을 통해 청중들의 공감을 얻어 단순한 다름에 그치지 않고 의미 있는 다름으로 차별화를 이룬 사례들이다.

가수 윤종신도 음악에 대해 남들과 다르게 보는 눈으로 접근했다. 2년 동안 공들였던 11집 앨범이 망했다. 시대가 변했고 앨범이 아닌 곡이 중요해졌다. 그는 자신이 좋아하는 음악을 오래오래 하고 싶었다. 그래서 〈월간 윤종신〉이라는 앱에서 매달 하나의 신곡을 발표했다. 음악만을 내놓은 것이 아니라 그림과 사연, 뮤직 비디오를 곁들였다.

무엇보다 남들이 정규앨범이냐 싱글앨범이냐를 고민할 때 '싱글앨범'을 정기적으로 내는 것을 생각했다. 어느 가수도 실행하지 않은 방식을 택해 세계 최초로 2010년 3월부터 한 달에 한 곡씩 꾸준히 싱글앨범을 내기 시작했다. 처음에 사람들은 주목하지 않았다. 결과는 적자였다.

그러나 그해 10월 〈슈퍼스타 K〉 경연 프로그램에서 〈월간 윤종신〉에 수록된 '본능적으로'를 참가자 강승윤이 불러 빛을 발하기 시작했다. 2017년 6월에 발표한 '좋니'는 KBS 〈유희열의 스케치북〉에서 윤종신이 직접 부른 후 반응이 뜨거워졌다. 라이브 영상 클립이 온라인에서 퍼져나갔고 결국 음원 차트 1위, 음악방송 1위를 차지했다.[2]

이에 대해 윤종신은 본인이 좋아하는 걸 던지고 설득한 결과라고 했다. 〈월간 윤종신〉은 자신과 청취자들 사이에 막힌 벽을 허무는 역할을 했고 윤종신다움이 청취자들로 하여금 공감을 얻어 차별화에 성공한 것이다. 그는 2020년 한 해를 해외에 머물며 '월간 윤종신 이방인 프로젝트'를 진행한다고 밝혔다. 낯선 나라에서 이방인으로 지내며 새로운 영감을 받고 윤종신다움으로 꾸준히 곡을 발표할 계획이라고 한다.

차별과 차별화를 가르는 기준은 고객들이 기업에서 제공하는 다름의 요소들에 공감할 수 있는지의 여부다. 어떤 기업이든 비즈니스 모델을 비롯해 새로운 제품과 마케팅 전략, 브랜드 전략, 디자인 전략 등 모든 면에서 자신들이 다른 기업들과 차별화됐다고 주장한다. 그런데도 왜 그토록 많은 기업이 야심차게 내세운 브랜드 전략들이 '차별화 실패'라는 성적표를 받아드는 것일까? 실패한 원인을 찾아보면 고객들이 기업에서 제공한 '다름'에 공감하지 못했기 때문이다. 단순히 남들과 다르다는 것은 중요하지 않다. 고객들이 그 다름을 받아들이고 필요로 해야 하며, 다름을 공감할 수 있어야 진정한 차별화를 이룰 수 있다. 자기다움에 대해 고객들의 공감을 얻기 위해서는 다름을 바라보는 다른 시각으로 주변을 디테일하게 살펴야 한다.

차별화 케이스 ①

고객은 재미로 지갑을 열지 않는다

2

2017년 가을, 전북의 한 농업기술센터에서 브랜드 관련 강의를 하면서 국내 농수산물 브랜드들을 분석한 적이 있다. 대부분의 브랜드가 지역의 명칭을 활용하는 반면, 50개의 브랜드 중 대략 30%만이 농수산물의 특징을 살려 브랜드화하고 있었다. 또 2018년 기준으로 특허청에 등록하고 출원한 쌀 브랜드를 조사해보니 무려 1900개 이상에 달했다. 유형별로 살펴보면 '철원오대쌀', '임금님표 이천쌀'처럼 지역명을 활용하거나, '죽향쌀', '오리농법쌀'처럼 기능성을 강조한 브랜드들이 주를 이루고 있었다. 모두 자신의 정체성을 잘 표현하고 차별화하기 위한 자기다움의 특징을 찾는 노력의 일환이다.

그런데 몇몇 쌀 브랜드는 지역명도, 기능성도 아닌 독특한 브랜드

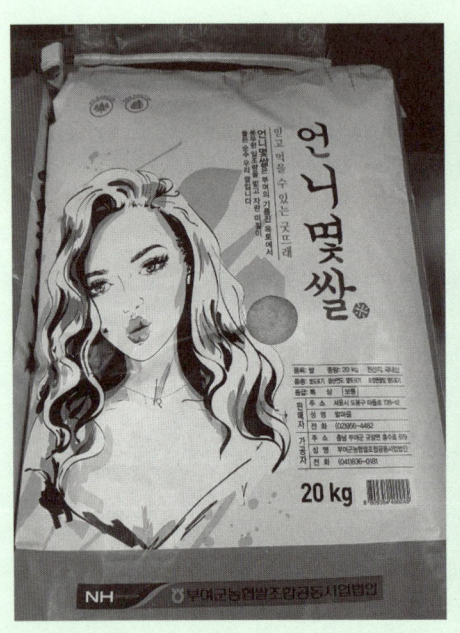 

단순한 재미 요소가 구매까지 이어질 수 있을까?

네이밍으로 소비자들의 눈을 끌기도 한다. '언니몇쌀', '오빠몇쌀', '엄마뱃쌀'이 대표적이다. 단순한 흥미 위주의 네이밍은 처음 접했을 때에는 발상의 재미 덕분에 쉽게 기억된다. 단, 브랜드 네임의 단순한 재미 요소가 구매 시점에까지 이어져 소비자들이 돈을 지불하고 구매하게 만들지는 미지수다. 물론 소비자들에게 브랜드 네임을 각인시키기 위해서는 즉각적인 흥미를 제공하는 것도 좋은 방법이긴 하다.

너도나도 지역명과 기능성을 강조하는 시장에서 이와 비슷한 쌀 브랜드를 찾아보기도 힘들 것이다. 하지만 정체성이나 자기다움을 찾아볼 수 없다는 단점이 있다. '언니몇쌀', '오빠몇쌀', '엄마뱃쌀'이라는 이름은 소비자들에게 흥밋거리로 자리 잡을지는 몰라도 어떤 특징을 지닌 쌀인지 인식시킬 만한 요소가 부족하다. 누구나 다름을 강조할 수는 있지만, 의미 있는 다름을 제공해야 고객의 선택을 받을 수 있다. 자신의 정체성을 잘 드러내지 못하는 단순한 다름은 의미 있는 다름 즉, 차별화로 이어질 수 없다.

고객의 공감은 어떻게 얻어지는가

쌀 브랜드의 사례에서 확인할 수 있는 단순한 다름과 의미 있는 다름의 차이도 바로 고객의 공감 여부다. 자신의 정체성을 표현하지 않고 단순히 다름만 강조하는 브랜드라면 고객에게 공감을 얻기 어렵다. 자신의 정체성을 잘 표현하는 의미 있는 다름이야말로 고객의 공감을 얻을 수 있는 다름, 즉 진정한 차별화인 것이다.

비즈니스에서 고객의 공감을 얻는다는 것은 쉽지 않은 일이다. 과연 고객의 공감을 얻으려면 어떤 차이를 만들어내고, 어떤 전략을 세워야 할까. 지금부터 세계적인 브랜드들의 사례를 통해 과연 경쟁자와 비교해 내가 가장 잘할 수 있는 일을 찾아 자기다움을 실행하는 것이 중요한지, 나의 약점을 보완하는 것이 우선인지를 살펴보도록 한다.

차별화 케이스 ②
책을 팔지 않고도 살아남은 서점

3

2008년부터 현재까지 43개국 80여 개의 도시를 여행하며 각국의 브랜드들과 지역의 도시 브랜드, 레스토랑 및 백화점, 쇼핑몰 등에 관한 서비스를 경험했다. 그중 한 사례를 소개하고자 한다. 2014년 3월 이탈리아 여행 중에 방문했던 라 펠트리넬리 *La Feltrinelli*라는 서점은 자신의 강점을 강화시켜 성공한 브랜드 사례로 손색이 없다.

 라 펠트리넬리는 1956년에 문을 연 유명한 서점이다. 2000년대 이후 온라인 업체들과의 가격 경쟁에서 밀려 문을 닫는 오프라인 서점이 늘어나고 있었다. 많은 서점들이 온라인 서점들과의 경쟁에서 살아남을 수 있는 방법을 찾고 있었다. 라 펠트리넬리도 자신의 정체성을 유지하면서 온라인 서점과 비교해 오프라인 서점의 강점을 부각시킬 수 있는 방법을 모색했다. 그들이 선택한 방법은 '라 펠트리넬리 레드 RED'라는 서브 브랜드를 운영하는 것이었다.

'RED'라는 콘셉트는 '읽고 read', '먹고 eat', '꿈꾸라 dream'는 의미를 담고 있다. 우선 그들은 서점 안에 레스토랑과 카페를 같이 운영하는 방식을 택했다. 라 펠트리넬리 레드에서는 책을 보며 커피를 마실 수도 있고 맥주 한잔, 와인 한잔, 식사까지도 즐길 수도 있다. 저녁 6시가 되면 많은 사람들이 책을 보거나 커피, 맥주, 와인을 즐기는 모습을 흔히 볼 수 있다. 단순히 책을 파는 곳을 넘어 고객들이 머물 수 있는 공간으로 변화를 꾀했고, 온라인 서점으로 대체할 수 없는 부분을 공략해 고객들의 공감을 얻었다. 고객에게 공간을 제공하고 그들이 서점에서 머무는 시간을 확보해 고객과의 관계를 돈독히 하고 매출로 이어질 수 있는 기회를 확보하는 전략이다.

약점이 아닌 강점을 강화해야 하는 이유

만약 그들이 온라인 서점의 강점인 가격과 편리성에 대응해 맞불을 놓는 식으로 가격 경쟁에 집중했다면 살아남을 수 있었을까? 만약 약점을 보완하려고만 했다면 오프라인상에서의 서비스 확장이라는 새로운 접근법을 생각하지 못했을 것이다. 자신의 강점을 좀 더 강화하려는 시도가 고객들의 공감을 얻을 수 있는 다름의 결과를 만든 것이다. 리 펠트리넬리 레드의 오프라인 서점에서 얻은 성과는 온라인으로 대체할 수

이탈리아 라 펠트리넬리 서점.

'읽고 먹고 꿈꾸는'
공간이 되다.

없는 오프라인 공간의 체험을 잘 활용했기에 가능했다. 비즈니스에 있어 차별화가 무엇인지를 잘 보여준 사례다. 이후 대만의 성품서점과 일본의 츠타야서점도 라 펠트리넬리의 선례를 참고해 오프라인 서점이라는 자신의 강점을 강화시켜 책만 파는 곳에서 문화를 파는 곳으로 성공적인 탈바꿈을 이뤄냈다.

차별화 케이스 ③
세계 유일의 엘리베이터를 가진 호텔

4

고객의 공감을 얻어 차별화를 이루기 위한 수단으로 자신의 강점을 강화시키는 전략만 있는 것은 아니다. 비즈니스 환경이나 주변의 상황에 따라서는 자신의 약점을 강점으로 활용할 수도 있어야 한다. 즉 자신의 몸집에 어울리는 자기다움으로 접근할 때에도 차별화를 이룰 수 있다. 이에 관한 사례로 스페인 마드리드에서 만난 아로사 호텔*Hotel Arosa*을 소개하고자 한다.

    브랜드 경험을 연구하고 가르치는 사람이자 한 명의 여가 생활자로서 여행을 준비할 때 신경 쓰는 부분 중 하나가 바로 숙박이다. 개인적으로는 공유 숙박 서비스 앱인 에어비앤비*AirB&B*보다 서비스 경험을 확인하기 위해 호텔을 선호하는 편이다. 주로 부킹닷컴*booking.com*, 익스피

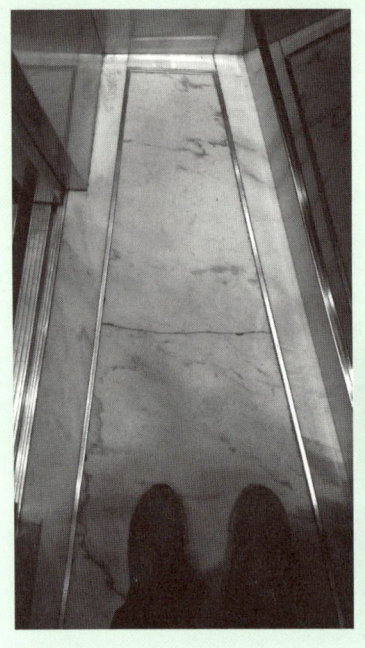
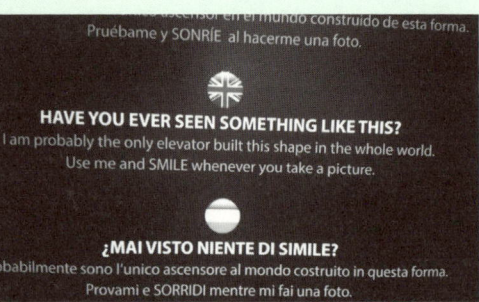

스페인 아로사 호텔 엘리베이터 내부 및 알림문구.
"당신이 어디서 이런 경험을 또 해보겠어?"

약점을 어떻게 강점으로 바꾸는지 보여준 아로사 호텔 전경.

디아 Expedia, 호텔스 컴바인 Hotels Combine과 같은 호텔 예약 플랫폼 서비스를 활용한다. 이러한 플랫폼들은 목적지에 있는 다양한 호텔들을 확인할 수 있고, 특히 고객들의 이용 경험 후기와 평점을 통해 각각의 호텔들을 비교해볼 수 있다는 것이 장점이다.

2013년 2월, 스페인 마드리드를 방문할 때에도 부킹닷컴 호텔 예약 사이트를 통해 아로사 호텔의 객실을 예약했다. 아로사 호텔은 마드리드 시내 중심가에 위치하고 있어 관광지까지의 이동성을 중요하게 생각하는 여행객들에게는 탁월한 선택지다. 그런데 당시 나는 호텔 내부의 경험 후기를 미처 체크하지 못한 채 예약을 마쳤다. 호텔에 도착해 체크인을 할 때까지는 큰 문제가 없었지만 엘리베이터를 타는 순간 후기를 보지 않은 것을 후회하고 말았다. 그 호텔의 엘리베이터 공간이 사람 한 명과 캐리어 하나만 겨우 들어갈 정도였기 때문이다. 엘리베이터에 실망하고 나서는 하룻밤 묵게 될 방까지도 작으리라는 예감이 들었고, 마드리드에 있는 내내 숙박 때문에 불편하지 않을까 하는 걱정도 들었다.

그런데 엘리베이터 문이 닫히는 순간, '공지사항'이라고 적힌 종이가 눈에 띄었다. 한글을 제외한 스페인어, 영어, 일본어, 중국어로도 적힌 안내문에는 '이 엘리베이터는 세계 유일의 엘리베이터로, 당신이 사진을 찍을 때마다 웃을 수밖에 없다'고 적혀 있었다. 그 공지사항을 보는 순간 정말로 웃음이 터져 나왔다. 아로사 호텔은 생각지도 못한 공지사항 하나로 세계에서 가장 좁은 공간을 제공하는 유일의 엘리베이터를 탔다는 새로운 경험을 내게 선사한 것이다.

아로사 호텔의 엘리베이터에 붙어 있는 공지사항은 짤막한 문장임에도 불구하고 나에게 중요한 가르침을 세 가지나 주었다. 약점을 어떻게 강점으로 바꿀 수 있는지 보여주었고, 관점의 이동이 얼마나 중요한지를 생각하게 해주었다. 마지막으로 세계에서 가장 좁은 엘리베이터 탑승이라는 유일무이한 경험이 고객의 공감을 얻는 다름, 즉 진정한 차별화가 무엇인지를 일깨워준 사례가 됐다.

아로사 호텔의 엘리베이터를 타기 전에는 약점이란 반드시 숨겨야 하는 것으로 생각할 뿐, 약점을 강점으로 바꾸는 관점의 이동이라는 개념을 떠올리지 못했다. 창업기업이나 중소기업의 경우 규모가 작고 자금이 부족해서 경쟁사 대비 차별화를 이루지 못한다는 말을 하곤 한다. 그러나 아로사 호텔의 사례는 작기 때문에 일을 못하는 게 아니라는 것을 잘 보여준다. 또 자기다움으로 자신의 규모에 맞게 잘할 수 있는 일을 찾아주는 다르게 보는 눈의 필요성을 잘 보여준다.

절실함이 만든 관점의 이동

개인의 브랜딩에 있어서도 약점을 강점으로 바꾸는 관점의 이동은 유효하다. 지난 19년간 우송대학교 디자인학부에서 브랜드 과목에 대해 강의를 하며 학생들의 진로 상담도 종종 했다. 한 번은 상담 중에 한 학생이 대기업 그룹의 자회사인 광고대행사 인턴으로 입사하게 됐다고 했다. 그는 함께 입사한 인턴들이 서울 중상위권 대학 출신이므로 그들과 경쟁해 정규직으로 뽑히기 어려울 것 같다고 고백했다.

그의 말을 듣고 다시금 아로사 호텔의 엘리베이터 문구가 떠올랐다. 그가 느끼는 자신의 약점을 어떻게 강점으로 바꿀 수 있을지 함께 고민해보기로 했다. 그는 자신이 지방대 출신임을 가장 큰 약점으로 생각하고 있었다. 그에게 자신의 강점이 무엇인지 묻자 누구보다 일찍 출근해서 열심히 일할 수 있는 성실함을 꼽았다. 직업을 구하는 사람이라면 누구나 자신이 성실하다고 할 것이다. 누구나 대답할 수 있는 특징이 강점이라면, 그것은 강점이 될 수 없다. 오히려 그보다는 관점을 바꿔 약점을 역이용하는 것이 어떨지 물었다.

그는 곰곰이 생각해보더니 자신의 '절실함'을 이야기했다. 지방대 출신이므로 그에게 인턴 생활의 기회는 매우 소중했고 정규직으로의 전환도 매우 절실한 목표였다. 그는 여태껏 자신이 지방대 출신이라는 것을 약점으로 생각하는 데 머물러 있었다. 다른 인턴들, 즉 서울의 중상위권 출신의 학생들은 그 광고대행사가 아니어도 좋은 기회를 얻어 다른 광고대행사에 입사할 수도 있을 것이다. 그렇다면 그의 절실함이 약점을 오히려 강점으로 만들 수 있을 것이라는 생각이 들었다. 또한 '언더독 효과 Underdog effect'•도 예상해볼 수 있었다.

만약 똑같은 인턴생활을 하더라도 남들보다 30분 일찍 출근하고

- 언더독이란 약점이 많아 패배가 예상되는 존재라는 의미이다. 여기에 열정과 의지, 의욕으로 역경을 헤쳐나가는 스토리가 담기면 언더독은 날개를 달아 소비자들에게 공감과 긍정의 효과를 주게 된다는 것을 의미한다.

1시간 늦게 퇴근하는 모습을 회사 선배들에게 보여준다면 그의 절실함이 전달될 것이라고 조언해주었다. 그 학생도 관점의 이동이라는 새로운 경험을 하고서 자신의 스펙이나 환경에 대해 달리 생각하는 기회가 되었다고 한다. 그의 절실함과 노력 덕분에 그는 인턴으로 시작한 광고대행사에서 정규직 직원으로 전환되어 열심히 근무하고 있다. 자신의 약점을 강점으로 바꿔 생각할 수 있는 다르게 보는 눈을 가졌기에 가능한 일이다.

차별화 케이스 ④
비즈니스 철학을 파는 식품회사

5

최근 들어 스타트업 기업들에 대한 강의 및 사업 선정 평가가 많아지고 있다. 스타트업 기업들도 브랜드에 대해 관심을 많이 보이는 추세여서 기업 임직원을 대상으로 강의할 때 무엇을 어떻게 전달해야 할지를 많이 고민하게 된다. 하루라도 빨리 사업이 정상 궤도에 올라서기를 바라는 기업인이라면 실무적으로 필요한 브랜드 네이밍과 디자인 개발에 대한 수요가 높지만, 내 강의에서는 주로 비즈니스 철학에 대해 먼저 이야기하는 편이다. 사업에 대한 평가를 할 때에도 비즈니스 모델 이외에 비즈니스 철학에 대해 물어본다. 그러면 10명 중 2~3명 정도만이 자신의 비즈니스 철학에 대해 명확하게 이야기한다.

비즈니스 철학은 자신이 왜 그 일을 해야 하는지, 이유를 설명해주는 가치관이다. 스타트업 기업을 시작하는 데 있어서 비즈니스 철학은 매우 중요하고 반드시 구축해야 하는 중심축이다. 비즈니스 철학이 보통 브랜드 철학으로 표현되다 보니 브랜드 콘셉트 또한 필수 불가결한 요소다. 즉 모든 브랜드는 고유한 브랜드 콘셉트를 갖고 있어야 하며 자신의 정체성을 표현하고 차별화되어야 한다. 브랜드는 곧 '자기다움'을 만드는 데 핵심이 된다. 단순히 남과 다른 콘셉트보다는 고객들이 공감할 수 있는 의미 있는 다름을 지닌 콘셉트를 만들어야 한다. 다름을 보는 다른 시각이 필요하다.

2012년 9월, 스타트업 기업 CEO들을 대상으로 서울산업진흥원이 주관하고 강북청년창업센터가 주최한 두 달간의 교육과정에서 브랜드를 주제로 강의를 진행했다. 다섯 번의 강의를 하면서 당시 '랭킹닭컴'이라는 회사의 김영문 대표를 만났다. 강의가 끝난 후 마련한 자리에서 그가 운영하고 있는 비즈니스 모델에 대해 들을 수 있었다.

그는 다양한 닭가슴살 브랜드들을 입점시켜 판매하는 플랫폼 비즈니스를 진행 중이라고 했다. 흥미로운 사업이라는 생각에 그에게 랭킹닭컴의 비즈니스 철학이 무엇인지를 묻자 놀랍게도 막힘없이 대답을 했다.

"정직하고 건강에 좋은 푸드를 판매하는 것이 저희의 철학입니다. 저희는 단순히 닭가슴살에 머물지 않고 정직하고 건강에 좋은 푸드로 사업을 확장할 것입니다."

자신만의 명확한 비즈니스 철학을 지닌 창업기업이라면 남다른

명확한 철학과 남다른 콘셉트로
차별화를 이룬 랭킹닭컴.

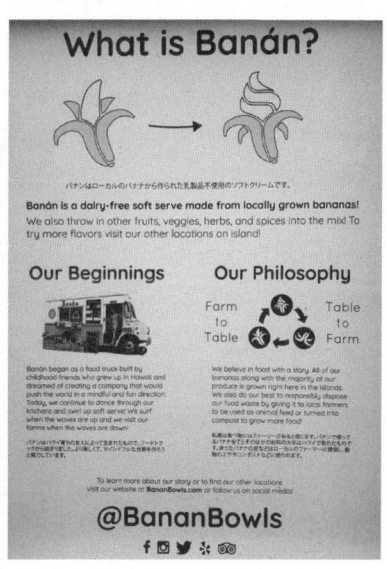

아무리 작은 가게라도 자기만의 철학이 필요함을 알려주는
바난 아이스크림 전문점.

강점과 기회요인을 갖고 있을 것이라는 생각이 들었다. 곧장 김영문 대표에게 콘셉트를 좀 더 정교화시키면 좋겠다고 조언했고, 랭킹닭컴의 브랜드 철학을 고객들도 함께 공감하면 좋겠다고 일러주었다.

이후 랭킹닭컴은 자신의 브랜드를 'Good Food, Good Life'라는 콘셉트로 정교화시켰고, 브랜드 비전과 브랜드 미션을 만들어 홈페이지를 통해 노출시키고 있다. 회사명 또한 식품업계의 올바른 나무가 되겠다는 의미를 담아 '푸드나무'로 변경했다. 푸드나무는 창업기업임에도 불구하고 확고한 비즈니스 철학을 세운 김영문 대표를 위해 비용을 받지 않고 무료로 개발해준 기업명이기도 하다.

2018년 10월 4일, 푸드나무는 설립 후 7년 만에 코스닥 시장에 상장됐다. 모두 자신만의 명확한 철학과 남다른 콘셉트를 통해 비즈니스의 차별화, 브랜드의 차별화를 이룬 결과다. 비즈니스 초기에 남들이 미처 신경 쓰지 않는 브랜드 철학과 콘셉트의 차별화를 꾀하고 고객들의 공감을 얻는 것이 왜 중요한지를 보여준 사례라 할 만하다.

철학을 콘셉트로 제시하는 노력들

비즈니스 철학의 중요성을 증명하는 또 다른 사례가 있다. 2017년 1월 하와이에서 발견한 '바난 Banan'이라는 업체는 바나나맛 소프트 아이스크림을 파는 소규모 가게였지만, 자신만의 콘셉트를 명확히 제시하고 있었다. '지역에서 자란 바나나로 만든, 유제품이 함유되지 않은 소프트 아이스크림'이라는 브랜드 콘셉트를 매장 앞 유리에 분명하게 드러내고 있었다. 더불어 자신들의 창업 스토리와 철학도 고객들이 쉽게 접할 수 있도록 게재해두고 있었다. 그러한 작은 노력들이 내 눈에 들어왔고, '바난'이라는 브랜드를 다시 보게 해주었다.

비록 아주 작은 가게일지라도 자신만의 비즈니스 철학이 있고, 자신들의 철학을 브랜드 콘셉트로 잘 표현하고 있다면 소비자들은 그러한 차이를 분명하게 느낀다. 그러한 의미 있는 다름이 다른 아이스크림 가게들과의 차별성을 제공하고, 브랜드에 대한 신뢰도를 높이는 데 도움을 준다. 작은 규모의 가게라 할지라도 자기다움을 표현할 수 있는 자신만의 브랜드 콘셉트로 고객들의 공감을 얻어 차별화를 이룰 수 있어야 한다.

차별화 케이스 ⑤
고객의
자기다움을
주목하라

6

고객이 원하는 서비스는 무엇일까. 차별화된 서비스는 무엇일까. 서비스업에 몸담고 있는 모든 사람들의 영원한 과제다. 시대의 변화에 따라 서비스의 형태는 매우 다양해지고, 기술의 변화도 서비스의 변화에 많은 영향을 미치고 있다. 기술의 발달로 배달 서비스가 활성화됐고 인건비 상승으로 인해 무인 시스템 및 로봇을 활용한 서비스가 점차 증가하고 있다. 집 근처 세탁소 서비스업의 경쟁자는 코인 빨래방이 됐고, 세탁물을 찾아가고 가져다주는 모바일 세탁 서비스 브랜드인 런드리고$_{Laundrygo}$는 사업을 확장하고 있다. 또한 세탁 서비스업의 경쟁자가 집 안까지 진출했다. 바로 'LG트롬 스타일러$_{Styler}$'다.

내 경험상 1년 전 'LG트롬 스타일러'를 구매한 이후부터 양복이나

'모바일 세탁소'를 표방하는 세탁 서비스 런드리고.

따뜻한 햄버거가 자판기에서 바로 나오는
스멀러스 햄버거.

코트, 스웨터 등의 세탁물을 세탁소에 맡기는 일이 줄었다. 스타일러에 세탁물을 넣고 30분~1시간가량 작동시키면 미세먼지 제거 및 살균 처리 등을 거쳐 거의 새 옷과 같은 상태로 만들어줘서 세탁소에 맡겨야 할 이유가 사라졌다. 최근에는 다가구가 밀집해 있는 오피스텔 지역에 스타일러 자판기까지 생길 정도이니 서비스에 대해 다르게 보는 눈을 가져야 할 이유로서도 충분하다.

장소가 달라지면 서비스도 달라져야 한다

음식업도 차별화의 영향을 많이 받는 업종이다. 2014년 2월 네덜란드 여행 중 암스테르담 중앙역에서 네덜란드 햄버거 브랜드를 처음 보았다. 1996년에 런칭한 '스멀러스 $_{Smullers}$'라는 브랜드였는데, 흥미롭게도 자판기로만 운영되고 있었다. 당시 나는 암스테르담 중앙역에 도착해서 점심을 해결하고 바쁘게 이동해야 했기에 패스트푸드를 찾고 있던 중이라 무척 반가웠다. 우선 배가 고파서 자판기 근처에 가보니 '킵버거 $_{Kipburger}$', '치즈버거 $_{Cheese\ burger}$', '햄버거 $_{Hamburger}$', '더블치즈버거 $_{Double\ cheese\ burger}$', '스위트칠리버거 $_{Sweet\ chili\ burger}$' 등 햄버거 종류가 다양했다. 무엇보다 자판기 근처가 따뜻해 자세히 보니 자판기 안이 따뜻한 온도로 유지되고 있었다. 햄버거가 따뜻하게 유지되고 있어서 맛도 괜찮았다. 또 자판기로 판매하다 보니 본 매장의 가격보다 저렴했다.

스멀러스 브랜드의 서비스를 경험하며 오늘날 햄버거 프랜차이즈 서비스에 대해 생각하게 됐다. 보통 햄버거라고 하면 패스트푸드, 즉 빠르게 주문하고 먹을 수 있는 음식이라고 말한다. 하지만 맥도날드, 롯데리아, 버거킹 등에서 주문을 해보면 음식을 받을 때까지 꽤 오랜 시간을 기다리는 것이 보통이다.

최근 들어 키오스크를 통해 주문 후 음식을 받는 시간이 짧아졌다고 하지만 기다림은 항상 존재한다. 오히려 키오스크로 주문하는 과정에 번거로운 조작이 많아서 시간이 더 걸린다고 불평하는 사람들도 많다. 특히 키오스크를 통한 주문을 어려워하는 어르신들 뒤에서 기다리는 것을 기피하는 고객들도 있다.

스멀러스는 역 이외의 다른 지역에서는 매장을 운영하고 있으며 매장 바로 옆에 햄버거 자판기를 함께 운영하고 있다. 패스트푸드는 기차역처럼 시간을 중요하게 생각하는 환경에 가장 적합한 음식이다. 스멀러스의 햄버거 자판기는 제품을 판매하는 곳이 달라지면 서비스도 달라져야 한다는 다르게 보는 눈이 만들어낸 결과다. 공간의 특성을 고려해 고객의 시간을 절약해주는 서비스는 매우 중요하다. 암스테르담 중앙역에서 만난 햄버거 자판기는 스멀러스다움을 찾아낸 진정한 패스트푸드 서비스라는 느낌을 주었다. 햄버거 자판기 안에서 따뜻한 온도가 유지되어 바로 먹을 수 있다는 점도 고객들의 공감을 얻었다. 패스트푸드가 가진 본질적인 장점을 살려 빨리 먹을 수 있고 공간의 특성을 고려해 고객의 시간을 절약할 수 있게 제공한 서비스가 브랜드의 차별화를 만들어낸 것이다.

내가 원하는 발판과 끈 색깔을 고르고 장식을 선택해 만드는 샌들.

하와이 플립플랍 매장.

'나만의 개성'을 만들어주는 커스터마이징 서비스

　기존 서비스에 대해 다르게 보는 눈으로 차별화를 이룬 또 다른 사례를 소개하고자 한다. 패션 산업에서는 기성복이라는 용어를 쓴다. 기성복이란 '특정한 사람을 위해 맞춘 것이 아니라 일정한 기준 치수에 따라 미리 여러 벌을 지어 놓고 파는 옷'을 말한다. 맞춤복을 구매하려면 시간이 많이 걸리지만 기성복은 즉시 사서 입을 수 있다는 장점이 있다. 양복을 구매할 때도 규격화된 사이즈로 만들어진 기성복을 사서 입는 사람들이 많다. 그런데 최근 고객 맞춤형 서비스들이 속속 등장하면서 패션 산업에서도 빠질 수 없는 용어가 바로 맞춤 즉, 커스터마이징*customizing*이다. 특히 밀레니얼 세대, Z세대는 남과 똑같은 패션을 거부하고 나만을 위한 개성 있는 패션을 선호하는 세대들이다. 이런 고객들을 위한 서비스의 출현은 어쩌면 당연한 것일지도 모른다.

　2017년 2월, 하와이의 알라모아나 센터에 들렀을 때 '플립플랍 워크숍*Flip Flop Workshop*'이라는 브랜드를 처음 접했다. 1960년에 런칭한 플립플랍은 엄지발가락과 둘째 발가락 사이로 끈을 끼워서 신는 샌들인데, '플립플랍 워크숍'에서는 고객이 원하는 샌들을 커스터마이징해준다. 먼저 원하는 발판과 끈 색깔을 고르고 원하는 장식을 고르면 된다. 기본 가격은 어린이 18달러, 성인 22달러부터 시작하지만 이것저것 장식을 붙이다 보면 가격이 올라간다. 그래도 남들과 다른, 자신만의 샌들을 가질 수 있다는 데 고객들은 매우 만족해한다.[3]

　플립플랍은 나만의 개성, 자기다움을 추구하는 고객들을 위해 기

무인양품 커스터마이징 매장.

고객이 원하는 패치를 직접 새겨주는 서비스.

존 경쟁자들과는 다른 커스터마이징이라는 맞춤 서비스를 통해 차별화를 이룬 사례다.

커스터마이징 서비스의 또 다른 대표적인 사례는 무인양품이다. 2018년 10월, 도쿄 긴자 지역을 여행하던 중 무인양품 매장을 찾았다. 그곳의 매장은 규모가 매우 큰 편이어서 1층에는 농산품을, 2층에는 음식과 의류, 신발, 서적, 자전거, 생활용품 등을 판매하고 있었다. 기존의 다른 매장들처럼 화이트 티셔츠와 화이트 스니커즈들이 디스플레이 돼 있었다. 그런데 매장 안쪽에서 미싱 소리가 들려왔다. 소리가 들리는 쪽으로 가 보니 화이트 티셔츠, 화이트 스니커즈, 화이트 에코백 등의 제품에 자수를 새겨주는 코너가 있었다. 고객이 원하는 패치를 구매하면 그 자리에서 바로 새겨주는 커스터마이징 서비스였다. 패치는 한 개당 한화 약 5천 원 정도에 판매되고 있었다. 나만을 위한 티셔츠와 스니커즈를 꾸밀 수 있고, 나만의 제품이 만들어지는 과정을 볼 수 있는 무인양품만의 차별화된 서비스였다. 브랜드를 내세우지 않는 무인양품다움이 무엇인지 분명해 보였다.

플립플랍과 무인양품의 커스터마이징 서비스 사례는 개성을 중시하고 자기다움을 실현하고자 하는 고객들의 특성을 잘 파악해 그들이 원하는 것을 만들어주는 것이 고객의 공감을 얻는 차별화된 서비스임을 잘 보여준다. 서비스의 핵심은 고객 만족이다. 결국 서비스의 차별화는 기존 서비스와 단순히 다르다고 이룰 수 있는 것이 아니라 고객의 공감을 얻을 수 있는 의미 있는 다름이 돼야 한다는 것을 말해준다.

차별화 케이스 ⑥
브랜드 네임이 브랜드를 결정한다

7

브랜드 관련 프로젝트나 교육을 진행하며 항상 정체성과 차별화를 강조한다. 나 자신을 어떻게 표현할 것인가에 있어 자기다움은 "나 자신을 잘 나타내고 남과는 달라야 한다"는 것을 의미한다. 자기다움을 표현하는 방식 중 하나가 바로 브랜드다. 브랜드 아이덴티티 요소는 네임, 로고 및 심볼, 슬로건, 징글, 패키지 등으로 다양하다. 이러한 요소들에 자신만의 차별화된 내용을 담는 것이 무엇보다 중요하다. 단순한 다름이 아닌 의미 있는 다름을 담아야 한다는 의미다.

브랜드 네임을 바꿔 1등 브랜드가 된 '밀크'

2011년 10월, 한국제지의 의뢰를 받아 개발한 복사지 브랜드 '밀크miilk'가 제지업계 1위로 발돋움할 수 있었던 것도 다르게 보는 눈을 통해 브랜드의 차별성과 콘셉트의 일관성을 잘 적용했기 때문이다. 후발주자가 선도자가 되려면 어떤 전략이 필요할까. 바로 차별화다. 기존 한국의 제지시장에서 복사용지는 저관여 low involvement 제품이었다. 즉 고객들의 관심이 낮은 제품 중 하나였다. 주로 기업의 관리팀이나 경리팀, 총무팀에서 대량으로 복사용지를 구매할 때에도 가장 중요한 기준은 제품의 질보다 가격이었다.

한국 제지시장의 환경을 파악한 어드밴스 애그로 Advance Agro사는 '더블에이 double A'라는 복사용지 브랜드를 앞장세워 처음에는 TV광고를 했다. 그들이 내세운 커뮤니케이션의 핵심 메시지는 복사기로 출력할 때 잘 걸리지 않는 복사용지였다. 사무실에서 흔히 벌어지는 복사지 걸림 현상을 보여주고 "노잼 노스트레스 No Jam, No Stress"라는 메시지를 통해 복사지 소비자들에게 강한 인상을 남기는 방식을 택한 것이다. 당시만 해도 복사용지가 복사기에 자주 걸리는 불편함을 모두 알고 있었기에 더블에이의 광고 메시지는 소비자들에게 잘 들어맞았다. 많은 기업의 경리팀, 관리팀, 총무팀에서 '더블에이로 주세요'라고 브랜드를 콕 집어 주문하기 시작했고, 더블에이는 국내 복사용지 시장의 선도자가 됐다. 소비자들이 브랜드를 언급하기 시작하면서 복사용지는 고관여 high involvement 제품으로 인식되기 시작했다.

당시 국내 제지시장에서 2위 브랜드는 한국제지의 '하이퍼씨씨Hyper CC'였다. 하이퍼씨씨라는 복사지 브랜드는 최고로 깨끗한 복사지Clean Copy라는 의미를 담고 있었지만, 당시 시장의 1등인 더블에이를 뛰어넘기에는 역부족이었다. 네임이 너무 긴 데다 제품의 특징을 잘 드러내지 못해 차별성이 떨어지는 브랜드였다. 또 CC라는 말에서 전달되는 뉘앙스가 C학점 2개를 연상시켜 대학생들에게는 조롱거리로 인식되기도 했다. 한국제지로서는 브랜드 네임의 한계를 극복하려면 고객들이 공감할 수 있는 다른 시각으로의 접근이 필요했다.

광고대행사와 디자인 전문회사 그리고 브랜드 전문회사가 모여 한국제지의 리브랜딩 프로젝트를 진행하게 됐다. 가장 먼저 차별성 있는 브랜드 콘셉트 구축과 브랜드 네임을 개발하기 위해 복사지 관련 시장조사와 3C 분석(자사, 경쟁사, 소비자)을 진행했다. 경쟁사 대비 차별점 그리고 주요 타깃들의 복사지 브랜드에 대한 인식을 분석한 결과, 한국제지의 강점은 깨끗함이라는 이미지였다. 기업이 갖고 있는 이미지를 활용해 '순수한 복사지'라는 한국제지만의 브랜드 콘셉트를 구축할 수 있었다.

그다음으로 순수를 잘 표현할 수 있는 네임이 필요했다. 먼저 순수함을 잘 표현할 수 있는 단어들을 조사해 'pure'나 'clean'과 같은 단어들과 복사지를 잘 나타낼 수 있는 'copy'를 합성해서 네임을 만들기 시작했다. 하지만 직관적인 의미를 담은 네임은 장점이 될 수 있을지 몰라도 차별성은 떨어진다는 의견들이 많았다. 순수함의 의미를 담되 상징적으로 표현해줄 수 있는 사물들을 찾기 시작했다. 개인적으로 나는 주말마다 세 곳의 마트에서 장을 보는 직업병이 있다. 그곳에 가면 새롭게 런칭된 브랜드들을 알 수 있고 패키지의 변화를 알 수 있기 때문이다. 그런데 한국제지의 브랜드 네임으로 한창 고민을 하던 때에 마침 장을 보던 중 한 사물이 눈에 들어왔다. 이보다 더 순수를 잘 표현할 수 있는 사물은 없다고 생각했다. 바로 하얀색의 우유였다. 우유를 보는 순간 순수를 잘 표현할 수 있을 거라는 생각과 함께 영어 단어인 '밀크'를 브랜드 네임으로 활용해보면 좋겠다는 아이디어가 떠올랐다. 우유는 순수함뿐만 아니라 부드러움이라는 이미지도 함께 갖고 있어 부드러운 복사지라는 이미지를 전달할 수 있을 거라고 생각했다.

마트에서 우유를 본 순간 갑작스럽게 떠오른 아이디어였지만, 브랜드 네임으로 구체화시켜보기로 했다. 그리고 약간의 재미를 더하기 위해 기존 밀크$_{milk}$라는 영어 단어에 알파벳 'i' 철자를 추가했다. 'i'자를 두 개 쓴 것은 기존의 밀크라는 단어와는 다른 의미라는 것과 시각성을 부각시키기 위해서였다. 디자인 전문회사에서는 브랜드 콘셉트인 순수함을 잘 전달하기 위해 로고 디자인을 심볼이 아닌 워드마크로 표현하기로 했다. 또한 복사용지 패키지 박스가 이면지 박스로도 활용된다는 점을 고려해 순수함을 잘 표현하도록 다른 컬러를 최대한 배제시켰다.

그런데 개발 초기 한국제지에서는 밀크라는 네임을 긍정적으로 평가하지 않았다. 복사지라고 하기에는 너무 낯선 네임이었기 때문이다. 연령대가 높은 임원들은 어떻게 우유라는 이름이 복사지 네임이 될 수 있느냐고 고개를 갸우뚱했다. 의미 있는 다름을 받아들이고, 고객들에게

'하이퍼씨씨'를 '밀크'로 바꿔 복사용지 시장에서 1등 브랜드가 되다.

새로운 경험을 제공하기 위해서는 우선 기업부터 소비자의 심리에 대한 이해가 필요하다. 당시 메인 고객들은 기업의 경리팀, 관리팀, 총무팀 등에서 근무하며 복사지 구매를 담당하는 20대 중반~30대 초중반의 여성 소비자들이 주를 이루었다. 서브 고객들은 흥미로운 네임에도 쉽게 친숙해질 수 있는 학생들이었다. 따라서 이러한 고객층이라면 "밀크지 주세요"라는 커뮤니케이션을 통해 브랜드 네임을 인지시키는 데 무리가 없을 것이라고 임원진을 설득했다.

그렇게 밀크$_{miilk}$라는 브랜드가 탄생했다. 그리고 2012년 복사용지 시장에서 시장점유율 45%를 차지하며 더블에이를 따라잡고 1등 브랜드가 됐다(2012년 10월 7일, 매일경제). 2등 브랜드가 1등 브랜드를 앞질러 시장을 선도하는 것은 10년에 한 번 나올까 말까 한 사례다. 2등 브랜드가 1등 브랜드를 따라잡으려면 제품의 질과 다르게 보는 눈을 통한 브랜드의 차별성 그리고 자기다움을 표현하는 아이덴티티의 일관성을 모두 갖춰야 한다. 만약 제품의 질이 떨어진다면 절대로 성공할 수 없었다. 그리고 브랜드의 차별성이 없다면 선도자를 따라잡을 수 없다.

가끔 내게 "밀크는 더블에이보다 가격이 싸기 때문에 선도자가 될 수 있었던 게 아니냐"고 묻는 사람들이 있다. 분명한 것은 하이퍼씨씨라는 브랜드를 밀크로 바꾸면서 가격을 낮춘 게 아니라는 점이다. 달라진 것은 브랜드뿐이다. 그만큼 브랜드 차별화가 왜 중요한지를 결과로 보여주는 중요한 사례다. 또 밀크 복사지의 승승장구가 고무적인 이유는 마케팅 비용 차이가 현격하다는 것이다. 기존 1등 브랜드인 더블에이는 월드스타 싸이를 광고 모델로 활용하고 TV 광고를 통해 커뮤니케이션한 반면, 밀크는 비용이 적게 드는 BTL(Below The Line, 전통적인 광고매체를 제외한 소비자 커뮤니케이션)만으로도 1등이 될 수 있었다는 것을 증명했다. 브랜드의 역할이 그만큼 중요하다는 것을 보여주는 증거다.

제지시장의 시장점유율 역전 사례를 보면, 남과 다른 시각으로 브랜드 전략을 세우고 유지하는 것이 얼마나 중요한 일인지를 확인할 수 있다. 더블에이는 광고를 통해 저관여 제품을 고관여 제품으로 인식시키는 데 큰 역할을 했다. 하지만 이후 1등 브랜드 유지를 위한 전략은 아쉽다고 평가된다. 그 덕분에 2등 브랜드인 밀크가 고객이 공감할 수 있는 다름을 어필하며 1등 브랜드로 거듭나는 성공 사례가 됐다. 한편 밀크의 성공 사례가 마케팅 시장에 알려지면서 SK텔레콤의 'Syrup', '옥수수' 등 먹거리 이름을 활용한 브랜드 네임과 KT&G의 'Fiit', 'SiiD' 등 다양한 업종에서 시각성을 부각시키는 브랜드 네임을 선보이기도 했다.[4]

직관적인 브랜드로 승부한 하우스토리

또 하나의 브랜드 개발 경험 사례로 아파트 브랜드 네임인 남광토건의 '하우스토리 Haustory'가 있다. 하우스토리는 자칫 남이 한다고 무조건 따라 하는 것이 전부가 아니라는 경각심을 주기 위한 대표적인 사례다. 왜 다르게 보는 눈이 중요한지, 왜 자신의 몸집에 맞는 브랜딩을 해야 하는지를 여실히 보여준다.

아파트 시장에서 성공하기 위해서는 브랜드의 차별화가 매우 중요한 요소다. 모두 비슷한 브랜드 네임을 사용할 경우 소비자에게 혼란을 줄 수 있으므로 건설사만의 독특하고 차별화된 브랜드 네임 개발은 필수요건이다. 예전에는 일반적으로 아파트 브랜드에 동네 이름을 넣거나 건설사의 이름을 그대로 활용하기 일쑤였다. '월드 메르디앙'이라는 아파트가 등장하며 아파트 시장에 브랜드화를 일으키는 도화선이 됐다면 삼성 '래미안'은 아파트 브랜드의 한 획을 그은 이름이다. '來美安(래미안)'은 아파트 브랜드 네임을 짓는 패턴 중 한자를 활용하는 트렌드를 만들어냈다. 이후 '롯데 낙천대', '용비어천家', '백년家약'과 같은 브랜드 네임들이 개발됐다.

이후 대형 건설사의 아파트 브랜드 네임은 아파트 가격 형성에 많은 영향을 미칠 만큼 중요해졌다. 포스코 건설의 'The #(더샵)'은 처음으로 아파트 브랜드 네임에 기호를 활용했다. 음악에서 반음을 올린다는 의미의 기호로 쓰이는 '#'을 '내 삶에 바올림'이라는 슬로건과 함께 활용해 소비자에게 긍정적인 반응을 얻었다. 나 또한 더샵을 처음 접했을 때 매우 신선한 브랜드 네임이라고 생각했다.

그런데 언젠가 어머니와 함께 신문광고에 실린 'The #'을 우연히 보고는 한글을 가린 상태로 어떻게 읽는지 여쭈었더니, '더 우물정자'라고 하셨다. 그 당시에는 브랜드 네임에 기호를 쓰게 되면 의미가 모호하고 이중성을 가질 수 있다는 생각에 차별화됐다고 생각하지 못했다. 그러나 8개월이 지난 이후 다시 어머니에게 똑같이 'The #'을 여쭈었더니,

몸집에 걸맞는 브랜드 네임을 만드는 것이 왜 중요한가?

원래 의미대로 '더샵'이라고 읽으셨다.

물론 시간이 지나면 브랜드에 대한 인지도가 올라가고 기억을 하는 사람들도 늘어나겠지만, 숫자나 기호 형태의 독특한 브랜드 네임을 대중들에게 올바르게 인식시키기 위해서는 막대한 비용을 투자해서 알려야 한다. 제품이나 서비스 네임을 개발할 때 브랜드를 만들어 소비자와 커뮤니케이션할 수 있는 예산이 많다면 직관적이지 않은 독특한 네임이라도 고객들에게 인지시킬 수 있다. 만약 독특하고 재미있는 브랜드이지만, 소비자에게 인지시키는 데 필요한 예산이 부족하다면 실패할 확률이 높다. 즉 자신의 몸집에 어울리는 브랜드 네임을 지어야 한다.

어떤 시장이든 선도자가 있으면 그들을 따라 유사한 브랜드를 만드는 후발주자가 있기 마련이다. 더샵이 성공을 거두자 기호를 활용한 네임을 따라 하는 경쟁사들이 나타나기 시작했다. 2005년 중견 건설회사인 남광토건은 아파트 브랜드 네임의 중요성을 인지하고 당시 트렌드였던 기호형 이름을 선택해서 분양을 했다. 그때 결정된 브랜드 네임이 '마이루트'다. 수학 기호인 '루트($\sqrt{\ }$)'를 활용해 'My + $\sqrt{\ }$'를 선택한 것이다. 당시 아파트 광고 모델이 배우 김태희였는데, 아파트 브랜드 인지도 조사 결과 모델에 대한 인지도는 70%가 넘었지만 김태희가 마이루트라는 아파트의 모델이라는 사실에 대한 인지도는 15% 미만이었다. 더욱이 마이루트라는 브랜드 네임의 인지도 자체가 25% 이하로 매우 낮은 편이었다.

결국 남광토건은 브랜드 네임을 변경하기로 결정했다. 당시 남광토건이 지향하는 아파트는 '설계가 다른 아파트'였다. 주방 설계, 안방 설계, 거실 설계 등 각각의 설계 형태가 기존의 아파트들과는 다르다는 것이 콘셉트였다. 건설사가 내세운 콘셉트를 브랜드 콘셉트로 승화시키는 과정에서 나는 '집 안의 생활 이야기가 있는 아파트'라는 콘셉트를 도출했다. 경쟁사들이 고급스러움을 강조하는 콘셉트를 주로 활용해 네임을 지은 데 반해 남광토건은 안방 이야기, 거실 이야기, 주방 이야기 등 생활 이야기가 있는 아파트라는 자신만의 차별화된 콘셉트를 구축한 것이다. 그러한 콘셉트 도출 과정을 거쳐 독일어의 집 Haus과 영어의 이야기 Story를 합성한 하우스토리 Haustory라는 브랜드가 탄생했다.

하우스토리는 대중들에게 아파트 브랜드라는 것을 인지시킬 때 커뮤니케이션 비용이 많이 들지 않아 남광토건의 몸집에 적합한 브랜드 네임이라고 판단했다. 실제로 마이루트에서 하우스토리로 브랜드 네임을 바꾼 후 실시한 브랜드 인지도 조사에서 인지도가 60% 이상으로 올라갔다. 중소기업이나 스타트업 기업들은 단순한 다름을 위한 톡톡 튀는 브랜드를 개발할 것이 아니라 자신의 몸집에 적합한 브랜드를 개발해야 한다. 남이 한다고 무조건 따라 하지 말고 자기다움에 대한 정확한 판단을 통해 브랜드를 개발하는 것이 해당 시장에서의 차별화를 이루는 데 얼마나 중요한지를 인식해야 한다.

차별화 케이스 ⑦
자기다움과 브랜드 아이덴티티

8

브랜드 관련 연구를 하다 보면 브랜드를 경험할 수 있는 다양한 요소들을 다루게 된다. 지금까지 브랜드 아이덴티티 요소들에 대한 연구는 주로 시각적 요소(로고 및 심볼, 패키지, 캐릭터, 컬러 등)와 청각적 요소(네임, 슬로건, 징글 등) 두 가지에 대해서만 다루었다. 브랜드 관련 프로젝트를 진행할수록 기존의 아이덴티티 요소 이외에 다른 감각적 요소는 무엇일지 고민하게 됐고, 더 감각적인 요소들이 소비자들과의 커뮤니케이션과 경험을 이끌어내는 데 매우 중요한 요소라고 판단했다. 이러한 고민들이 박사 논문 연구로 이어져 '브랜드 프랜차이즈 매장에서의 감각적 경험이 브랜드 태도, 경험적 가치 그리고 소비자 행복에 미치는 영향'이라는 주제로 작성하게 됐다.

긴자식스 쇼핑몰에 전시된 야요이 쿠사마 작품.

건물이나 매장 내부의 인테리어 디자인 및 소품 등은 시각적으로 고객을 매료시키는 중요한 역할을 한다. 시각적 표현 방식의 하나인 인테리어는 흔히 '인테리어 브랜딩'이라고도 한다. 제품과 연관성이 있는 인테리어를 구상하면 소비자의 시각 체험을 강화할 수 있다. 이를 위해서는 브랜드 정체성에 기여할 수 있는 요소들을 부각시키고 시각적으로 표현해야 한다. 특수 제작된 선반이나 계산대를 설치한다거나, 소비자의 관심사 또는 라이프 스타일과 공감을 자아낼 만한 비언어적 상징 등을 활용할 수도 있다.[5]

긴자식스의 야요이 쿠사마 작품

2018년 10월, 도쿄 긴자식스_{Ginza Six} 쇼핑몰 안에서 본 야요이 쿠사마의 작품은 차별화된 시각적 경험의 대표적인 사례다. 긴자식스는 오랜 재개발 기간을 거쳐 2017년 4월 10일에 오픈한 초대형 복합 쇼핑몰로 지상 13층, 지하 6층으로 구성돼 있다. 쇼핑몰과 백화점의 격전지인 긴자에서 후발주자로 등장해 어떻게 차별화시킬 수 있을지에 대해 많은 기대와 궁금증을 자아내는 곳이기도 했다.

우선 긴자식스는 남다른 경험을 제공하는 공간으로 구성하는 것을 목표로 삼았다. 일본에 처음 진출하는 해외 브랜드들을 입점시키고, 이미 일본에서 볼 수 있는 브랜드라면 일본 내를 넘어 세계 최대의 플래그십 스토어로 꾸몄다. 또한 긴자 지역의 골목길 정취를 느낄 수 있고 공간의 체류성을 높이기 위해 일부 영역에서 매장 동선을 구불구불하게 디자인해 구성했다. 매장 중앙 천장에는 유명 작가들의 작품을 전시해 시각성을 부각시켰다. 실제로 긴자식스 내부에 들어서자마자 야요이 쿠사마의 작품은 단번에 눈길을 끌었고 건물 내부의 인테리어와도 조화를 이루고 있어 쇼핑몰에 대한 이미지가 긍정적으로 드러나 보였다.

이처럼 긴자식스는 남다른 시각적 요소를 활용한 볼거리를 제공함으로써 고객들 사이에서 입소문을 만들었다. 단기간에 자연스럽게 브랜드를 인지시키는 데도 성공했다. 이에 그치지 않고 매년 다른 작가의 작품을 쇼핑몰 내부에 설치해 늘 새로운 볼거리를 제공하며 지속적으로 고객들의 재방문을 유도하고 있다.

단순히 하나의 시각적 요소를 제공하는 것으로 끝나지 않고 새로움을 지속적으로 제공해야 하는 이유가 바로 이것이다. 남다른 브랜드 아이덴티티를 확보하고 시각적 요소를 적절히 활용할 때 고객들은 자발적으로 움직인다. 누구나 브랜드 경험과 커뮤니케이션의 차별화에 필요한 핵심 역할을 할 수 있다는 것을 인지하고 실행할 필요가 있다.

하드록 카페로 인도하는 전기기타 터널

매장 내부 인테리어 소품을 활용한 시각적 경험 사례도 눈여겨볼 만하다. 하와이 호놀룰루 하드록 HardRock 카페를 방문하면 제일 먼저 수많은 전기기타가 고객들을 반긴다. 하드록 카페는 1971년 6월 14일 런

하와이 호놀룰루 하드록 카페에 진열된 전기기타들.

던에 거주하는 미국인 아이작 티그렛 Isaac Tigrett과 피터 모턴 Peter Morton이 만든 레스토랑으로, 음악을 들으며 식사를 즐길 수 있는 글로벌 레스토랑 브랜드 중 하나다.

북미, 중남미, 유럽, 아시아, 카리브해 등 세계 주요 도시에서 120개의 점포를 운영하고 있다. 각 지역에 어울리는 매장 분위기와 음식을 경험할 수 있는 장소로 유명해 여행자들이 꼭 방문하고 싶어 하는 장소이기도 하다.

나 또한 2017년 2월, 하와이 호놀룰루 하드록 카페 입구에 들어서자마자 천장 위에 매달린 수많은 전기기타들을 보고 감탄할 수밖에 없었다. 그렇게 많은 전기기타를 볼 수 있다는 것 자체가 신기했고 기타가 하나의 인테리어 소품들로 이용되고 있다는 점도 매우 흥미로웠다. 전기기타 사진을 찍어 인스타그램에 올리니 곧장 반응이 이어졌다. 인스타그램 친구들은 매우 흥미롭다는 댓글을 남기거나, 호놀룰루를 방문한다면 반드시 하드록 카페에 꼭 가고 싶다는 댓글을 남겼다.

호놀룰루 하드록 카페를 장식한 수많은 전기기타 사례에서 볼 수 있듯이, 시각적 요소로 인테리어 소품들을 활용하더라도 소품들이 자신의 정체성과 연관이 될 뿐만 아니라 정체성을 좀 더 잘 드러낼 때 효과가 극대화된다.

하드록 카페와 전기기타의 연관성을 생각해보면 매우 명확해진다. 전기기타는 하드록 카페의 자기다움을 잘 표현해주었고 매장의 차별성을 시각적으로 느끼게 하는 데 매우 중요한 역할을 하고 있다.

중세 시대의 분위기를 간직한 탈린의 올데한자 레스토랑

도시 브랜드를 주제로 강의를 한다고 하면 주로 "지금껏 여행한 도시 중 어디가 가장 좋았나요?", "추천하고 싶은 도시는 어디인가요?"라는 질문을 많이 받는다. 단순한 휴식을 위한 여행이 목적이라면 발리나 하와이 같은 휴양지를 권하지만, 마케팅이나 디자인 관점에서 인사이트를 얻을 목적이라면 런던이나 뉴욕, 밀라노 등 글로벌 대도시를 권한다. 또한 단순한 휴식이나 마케팅 인사이트를 얻을 목적보다는 그 지역의 특징이나 독특함을 경험할 목적이라면 발트해 연안 국가 중 하나인 에스토니아의 수도 탈린$_{Tallinn}$이라는 도시를 추천한다.

2013년 2월, 북유럽 여행을 계획하던 중 핀란드의 헬싱키와 가까운 에스토니아의 탈린이라는 도시를 알게 됐다. 중세 시대 이미지를 아직도 간직하고 있다는 사실이 흥미로워 여행지로 결정했다. 헬싱키에서 2시간 정도 페리를 타고 이동해 도착한 탈린은 매우 조용한 도시였다.

먼저 올드타운에 들러 중세 시대 성곽과 교회들을 둘러보고 마을을 돌아다니던 중 점심시간이 가까워져 레스토랑을 찾게 됐다. 이왕이면 독특한 레스토랑을 방문하면 좋겠다는 생각에 중세 시대 방식으로 가게를 운영하고 있다는 '올데한자$_{Olde\ hansa}$' 레스토랑을 찾았다. 식당 내부로 들어가니 모든 것이 중세 시대에 멈춰 있는 듯했다. 직원들은 기사복이나 중세 시대의 복장을 입고 서빙을 하고 있었다. 또 중세 시대 악기로 연주되는 음악이 흐르고 있었고, 맥주잔도 중세 시대에 사용하던 형태를 그대로 유지하고 있었다. 나무로 만든 식탁 역시 중세 시대의 이미지를

중세의 경험을 그대로 제공하는 에스토니아 탈린의 올데한자 레스토랑.

세부적으로 재현하고 있었다.

올데한자가 간직한 시각적 요소와 청각적 요소를 비롯해 모든 감각적 요소들은 마치 중세 시대 선술집에 온 듯한 착각을 불러일으킬 만했다. 당시의 추억을 떠올리면 독특한 경험으로 인해 기분이 좋아진다. 타 도시와의 차별화된 탈린다움을 느낄 수 있었고, 지금도 탈린이라는 도시에 대한 추억이 매우 긍정적으로 남아 있다.

독특한 시각적 요소와 다른 감각적 요소들은 제품이나 서비스 브랜드를 뛰어넘어 도시 브랜드조차 긍정적으로 연상시키는 데 중요한 역할을 하고 있다. 국내 도시 브랜드를 활성화시키는 데 있어도 적극적으로 감각적 요소를 활용해 긍정적인 도시 경험을 할 수 있도록 노력할 필요가 있다.

향기를 기억시킨 싱가포르 항공

감각적 경험 중 후각적 요소를 적극적으로 활용하고 있는 사례가 항공업계에 있다. 2009년 8월, 인시아드 경영대학원 싱가포르 캠퍼스에서 주관한 단기 교육 과정을 이수하기 위해 처음 싱가포르 항공을 이용했다. 당시에 매우 인상적인 서비스를 받아 기억에 남는다.

다른 항공사들과는 달리 싱가포르 항공에서는 승객이 비행기에 탑승하면 따뜻한 물수건을 내준다. 보통 기내식을 배식하기 전에 물수건을 주는 편인데 싱가포르 항공은 달랐다. 또 손을 닦아보면 기분까지 좋아지는 독특한 향기를 맡을 수 있었다. 그 향은 싱가포르 항공에서 1990년 말에 조향사에게 의뢰해 만든 싱가포르 항공만의 시그니처 아로마 향이라고 한다. '스테판 프로리디안 워터스$_{Stephan\ Floridian\ Waters}$'라는 이름으로 불린다.

이렇게 싱가포르 항공은 승무원들의 향수와 고객용 물수건에 자신들의 시그니처 향을 활용해 브랜드 아이덴티티를 표현하고 있었다. 아마도 많은 승객이 비행 이후에 그와 비슷한 향기를 맡으면 싱가포르 항공을 떠올릴 것이다.

싱가포르 항공은 다르게 보는 눈으로 자신만의 향이라는 의미 있는 다름을 만들어냈다. 그 덕분에 고객들은 좋은 기분을 느끼고 싱가포르 항공이라는 브랜드를 긍정적으로 인지함으로써 차별화를 이루어냈다.

실제로 싱가포르 항공은 2018년 영국의 항공사 평가 기관인 스카이 트랙스가 꼽은 세계 최고 항공사에 선정됐다. 세계 최고 퍼스트 클래스, 아시아 최고 항공사, 최고 퍼스트 클래스 좌석 부문에서도 1위를 차지했다. 최근 3년 동안 이용한 해외 항공사들 중 폴란드 항공$_{LOT}$, 카타르 항공 그리고 아랍에미리트 항공에서도 자신들만의 향을 간직한 물수건이나 바디미스트 등을 제공하고 있었다.

후각적 요소도 적극적으로 활용하면 남다른 자기다움을 표현하고 브랜드 커뮤니케이션의 차별화를 이루는 데 중요한 역할을 한다는 것을 보여준다.

직원도 브랜드 아이덴티티의 일부로 만든

아베크롬비앤피치

다양한 감각적 요소를 활용한 또 하나의 브랜드 경험 사례가 바로 패션 브랜드인 아베크롬비앤피치 Abercrombie&Fitch다. 2012년 3월, 뉴욕 51번가에 위치한 매장에 방문했을 때의 일이다. 매장 입구에서 건장하게 생긴 멋진 남성들이 쇼핑을 마친 여성 고객들과 함께 사진 촬영을 하고 있었다. 남성들에게 모델이냐고 묻자 자신들은 매장의 직원들이라고 답했다. 직원들까지도 매장의 시각적 요소에 포함될 수 있다는 것에 감탄하며 매장 안으로 들어섰다.

아베크롬비앤피치 매장을 가본 사람이라면 알겠지만, 매장 안은 매우 어두웠고 빠른 템포의 댄스 음악이 흘러나오고 있었다. 직원 중에는 댄스음악에 맞추어 춤을 추는 사람도 있었다. 마치 클럽에 온 듯한 분위기였다. 그런데 매장 내에서 독특한 향이 느껴졌다. 직원에게 매장에서 나는 향이 무엇이냐고 묻자 자신들의 향수 브랜드인 피어스 Fierce 향수라고 했다. 옷과 매장 안에 뿌려 놓았다고 하면서 구매를 할 수 있다고도 했다. 이곳 또한 싱가포르 항공과 마찬가지로 후각적 요소를 활용한 브랜드 아이덴티티를 구축하고 있었다.

한참 쇼핑을 하다가 잠시 쉴 만한 곳이 있는지 매장 안을 살펴보기로 했다. 한쪽 구석에 넓은 소파가 있는 것을 발견하고 잠시 앉았는데 아주 푹신푹신해 쇼핑의 피로가 풀릴 만큼 편안함을 느낄 수 있었다. 뉴욕의 아베크롬비앤피치 매장은 멋진 외모의 직원들, 빠른 템포의 음악

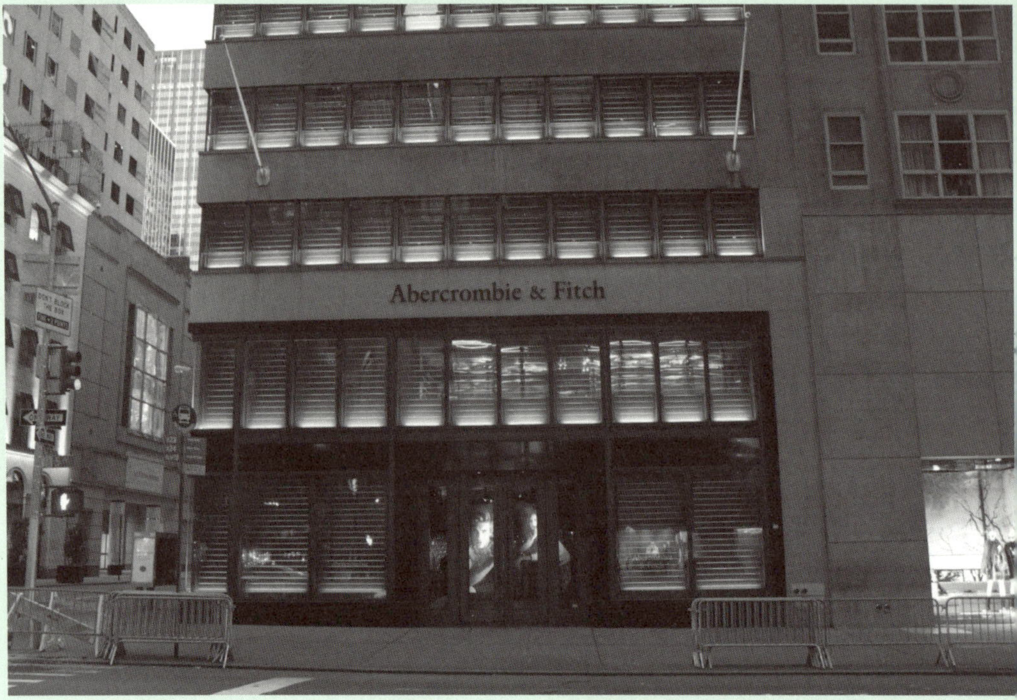

직원들까지 매장의 시각 요소에 포함시킨
뉴욕 아베크롬비 매장.

아베크롬비 피어스 향수.

소리, 기분을 좋아지게 만드는 향기, 편안한 소파 등 다양한 감각적 요소를 활용해 고객에게 매우 독특한 브랜드 경험을 제공하고 있었다. 쇼핑을 하는 고객에게 이색적인 즐거움을 주기에 충분할 뿐만 아니라 기억에도 오래 남는 곳이다.

패션 브랜드라고 하면 매장 안에서 인테리어 요소나 패션 상품을 통한 시각적 요소만을 보여주는 것에만 치중하기 쉽다. 아베크롬비앤피치의 매장은 다르게 보는 눈으로 고객들이 다양한 감각적 요소들을 경험할 수 있게 만드는 것이 브랜드 커뮤니케이션의 차별화를 이루는 데 왜 중요한지를 잘 보여준다. 공간에서 이루어지는 감각적 경험은 브랜드 이미지 형성에 매우 중요한 역할을 한다. 공간을 활용하는 비즈니스를 한다면 독특한 감각적 경험을 통해 자기다움을 알리고 경쟁자와 차별화하려고 노력해야 한다.

고객에게 경험을 제공하는 래디슨 호텔

감각적 요소 중 촉각적 경험을 활용한 사례도 흥미로운 분야다. 2017년 2월, 노르웨이 오슬로로 떠났던 브랜드 여행에서 만난 호텔을 이야기해보고자 한다. 브랜드 여행이라는 테마로 여행을 계획하다 보면 앞서 말한 대로 공유 경제 서비스인 에어비앤비보다는 브랜드 호텔 서비스 경험을 위해 익스피디아나 부킹닷컴에서 호텔을 예약해 이용하는 편이다. 오슬로로 여행을 갈 때에도 호텔 체인 브랜드인 래디슨$_{Raddison}$ 블루 호텔을 찾아 예약했다.

　래디슨은 1909년 미국 미네소타주의 미니애폴리스에서 처음 런칭한 호텔 그룹으로, 현재 7개의 호텔 브랜드를 운영하고 있다. 그중 래디슨 블루는 유럽 및 아프리카, 아시아에서 영업을 하고 있다. 오슬로 래디슨 블루 호텔에 묵은 첫날. 조식을 먹기 위해 레스토랑에 갔을 때 눈에 들어온 것은 오렌지 주스를 마실 수 있는 공간이었다.

　고객에게는 두 가지 선택권이 주어진다. 하나는 미리 만들어진 오렌지 주스를 선택하는 것이고, 다른 하나는 고객이 직접 오렌지를 잘라 짜 먹는 것이었다. 이를 흥미롭게 여긴 나는 근처에서 1시간 동안 투숙객들의 행동을 지켜보기로 했다. 그 결과, 편리성을 위해 미리 짜 놓은 오렌지 주스를 선택하는 사람들보다 직접 오렌지를 짜 먹는 사람들이 더 많았다. 아마도 직접 오렌지를 짜 먹는 편이 더 신선할 것이라는 인식에서 비롯된 결과라고 생각된다.

　호텔의 입장에서는 편리성과 즐거움을 고객에게 동시에 제공하는 영리한 방식을 선택했다고 볼 수 있다. 누구나 편리성을 고려한다면 미리 짜 놓은 주스를 마실 것이다. 하지만 조금 귀찮더라도 자신이 직접 짜 먹는 경험을 통해 신선한 주스를 마실 뿐만 아니라 재미를 느끼고자 하는 고객이 분명 있을 것이다. 특히 아이들은 대부분 부모의 도움을 받아서라도 오렌지를 직접 짜 먹었다. 아이들은 성인보다 체험에 더욱 적극적인 성향이 있으므로 아이들을 타깃으로 하는 서비스를 하고 있다면 남다른 촉각적 요소를 더욱 활용할 필요가 있다. 예를 들어 샐러드 매장이

노르웨이 오슬로 래디슨 호텔 레스토랑.

고객에게 주어지는 두 가지 선택권.

라면 미리 샐러드를 만들어 제공하기보다 고객이 원하는 것을 직접 선택해서 만들게 하는 체험 서비스를 제공할 필요가 있다.

들어서기 전 경험까지 예측한 후지다이마루 백화점

호텔이나 레스토랑처럼 특별한 곳이 아니어도 촉각적 경험을 활용하는 사례를 자주 만나볼 수 있다. 2017년 7월, 일본 교토의 후지다이마루백화점에서 경험한 쿨링포그 Cooling Fog가 대표적이다. 대체로 마트나 백화점에는 고객들에게 촉각적 요소를 제공할 만한 것들이 제한된다. 마트라면 고객이 끌고 다니는 카트 정도이고, 백화점이라면 휴식을 취할 수 있는 소파 정도일 것이다. 또 여름이나 겨울에는 매장의 온도를 유지하기 위해 켜는 에어컨이나 히터를 통해 시원함과 따뜻함을 촉각적으로 느낄 수는 있다. 실제로 많은 사람이 여름에 마트나 백화점을 방문했을 때 주차장에 차를 세우고 입구까지 가는 짧은 거리에서 좋지 않은 냄새와 푹푹 찌는 열기에 짜증을 낸다고 한다.

교토 후지다이마루 백화점에서 활용하고 있던 쿨링포그가 바로 그 짧은 거리에서 느낄 수 있는 후각적 요소뿐만 아니라 촉각적 요소를 개선시켜줄 좋은 방안이라는 생각이 들었다. 무더운 여름, 백화점이나 마트를 방문한 고객들이 입구로 들어가기 전에 시원한 물안개를 통과해 시원한 느낌을 받는다면 더위 때문에 불쾌한 기분이 들지 않을 것이다. 또 그런 상쾌함을 경험하고 기억해두면 재방문으로 이어질 수 있다. 공

교토 후지다이마루 백화점 입구의 쿨링포그.

간 밖에서부터 남다른 촉각적 경험을 제공한다면 그만큼 고객들이 차별화된 서비스를 느낄 수 있게 될 것이다. 이 또한 긍정적인 브랜드 이미지 형성 및 브랜드 선호로 이어지는 데 매우 중요한 역할을 한다.

말보다 촉감으로 메시지를 전달한 자선 단체

남다른 촉각적 경험을 활용한 차별화는 제품이나 서비스 이외의 분야에서도 활용된다. 2011년 겨울, 뉴욕을 방문했을 때 길을 걷고 있던 나에게 자선 단체의 한 봉사자가 밝은 모습으로 다가와 잠시 시간을 내달라고 했다. 아주 짧은 시간이니 부담 갖지 말라고 하며 무언가를 건네더니 한번 만져보라고 했다. 그가 내민 제품은 표면이 매우 거친 사포 sandpaper였다. 그는 곧바로 매우 진지한 표정을 짓더니 내가 만진 사포의 느낌이 바로 아프리카의 굶주린 아이들의 살결과 같다고 말하며 아이들에게 기부해줄 것을 요청했다. 그의 말을 듣던 나는 뭔가에 이끌리듯 주머니에서 현금을 꺼냈다.

촉각적 요소는 백 마디의 말보다 더 큰 효과를 발휘할 때가 있다. 만약 자선 단체의 봉사자가 나에게 다가와 다짜고짜 말로만 아프리카 아이들의 상황에 대해 설명하려고 했다면 나는 그 자리를 빨리 피했을 것이다. 짧은 시간 동안 내게 사포를 전해주어 촉각으로 직접 느끼게 한 것이 신의 한 수였다. 최근 우리 주변을 보면 자선 단체들에서 나온 사람들이 지하철역이나 사람이 많이 지나다니는 교차로 근처에서 스티커를 붙

여달라거나 기부를 권유하는 활동을 자주 한다. 그런데 대체로 사람들은 모른 척하고 지나치기 일쑤다. 좋은 의도로 활동하는 자선 단체들이 좀 더 유의미한 요소를 활용해 자신들만의 차별화된 활동을 만들어냈으면 하는 바람이 있다.

지금껏 맛본 빵 중 가장 맛있는 경험을 주었던 스폰디 레스토랑

브랜드에 대한 감각적 요소로 미각을 활용한 사례 중에도 인상적인 곳이 있다. 2019년 3월, 그리스 아테네로 브랜드 여행을 떠났을 때의 일이다. 미슐랭 가이드에서 선정한 레스토랑에서 저녁 식사를 하고 싶다는 생각에 트립 어드바이저 *Trip advisor*에서 여러 레스토랑을 알아봤다. 그 중에서 미슐랭 2스타를 받은 스폰디 *spondi*라는 레스토랑을 선택해 방문해보기로 했다. 1996년 아테네에서 오픈한 스폰디는 저녁 8시부터 12시까지만 영업을 하며 바깥에서 확인할 수 있는 간판이 없다. 주로 전화 예약을 통해 손님을 받을 뿐만 아니라 낮에는 전화로 예약하기도 어렵다. 나는 운 좋게도 방문하기 이틀 전에 예약을 할 수 있었다.

레스토랑의 첫 느낌은 매우 인상적이었다. 특히 직원들이 매우 체계적으로 행동하는 것처럼 느껴졌다. 음식은 4코스, 6코스 요리로 구성돼 있었다. 음식을 주문하고 10분 정도 지났을 때 애피타이저가 나왔다. 그런데 특이하게 다른 레스토랑과 달리 포크와 스푼이 미리 세팅돼 있지 않았다. 레스토랑 매니저에게 포크와 스푼이 준비돼 있지 않다며 세팅을 요청했다. 그러자 매니저는 자신들의 애피타이저는 핑거 푸드이므로 손으로 먹을 때 더 맛있게 느껴진다고 정중하게 이유를 설명해주었다. 그 다음 음식으로 식전 빵이 제공됐는데 이 또한 손으로 먹어야 더 맛있다고 매니저가 귀띔해주었다.

식사 전에 설명을 들어서인지는 몰라도 그날의 식전 빵이 그때까지 먹었던 빵들 중 가장 맛있었다.

와인 병이 무거울수록 가격이 비싸고 맛있을 것이라고 생각한다는 연구 결과가 있다. 프랑스, 이탈리아, 남아프리카공화국, 호주, 스페인에서 생산된 275가지 와인의 무게와 가격을 조사한 결과, 병이 무거울수록 가격도 높을 것이라고 생각한다고 한다.[6] 품질이 좋고 오래된 와인일수록 무거운 병에 담아서 와인의 높은 가치를 촉각적으로 느끼게 해주는 것이다. 향수나 화장품 또는 전자제품처럼 고급 이미지를 전달해야 하는 제품들인 경우 무게를 통해서 제품의 가치를 전달할 수 있으므로 이 부분에 대해 신경을 쏠 필요가 있다.

촉각이 미각에 미치는 영향을 말해주는 것처럼, 레스토랑을 비롯한 음식을 제공하는 서비스업이라면 식기 도구를 사용하는 것 이외에 직접적인 촉각을 느끼게 함으로써 음식의 맛을 더 살릴 수 있는 방안에 대해 검토해볼 필요가 있다.

치킨을 손으로 집고 먹을 때와 도구를 사용해서 먹을 때 중 어느 쪽이 더 맛있을까? 똑같은 음식도 다른 방식으로 맛보고 즐길 때 이전과

Arnaud Bignon

The first, 2 Michelin star awarded chef in Greece, from the renowned "Spondi" in Athens and "The Greenhouse" in London, invites you to an extraordinary gastronomical experience with a divine, fine dining set menu, based on the freshness and the lightness of the Mediterranean products.

"Kamares Restaurant", Wednesday 8th of August

Time of Attendance 20:00

Menu

Summer Chilled Tomato Soup
Feta cheese cream, black olives, basil

***

Lobster Risotto
Pumpkin purée, sesame oil

***

Beef Filet
Sweet potato, shimeji mushrooms, red wine

***

Chocolate
Candied ginger, ice cream ginger, coconut foam, coconut tuiles

---

아테네 미슐랭 가이드 2스타 스폰디 레스토랑.

Mr. Teok Il Gong

는 전혀 다른 즐거움을 느낄 수 있다. 브랜드의 차별화를 위해 다르게 보는 눈으로 촉각적 요소의 적극적인 활용을 검토해야 하는 이유다.

일관성 있는 컬러를 활용한 토마스 핑크와 제주항공

컬러도 브랜드 아이덴티티의 한 요소로서, 브랜드 정체성을 나타내고 경쟁사와의 차별화를 꾀하는 데 중요한 역할을 한다. 2014년 2월, 영국의 브랜드 조사를 위한 여행을 마치고 히드로Heathrow 공항 면세점을 돌아다니던 중 눈에 띄는 브랜드가 하나 있었다. 바로 토마스 핑크Thomas Pink라는 남성용 셔츠 브랜드다. 이 브랜드는 1984년 영국 첼시에서 런칭한 브랜드로, 현재 미국을 포함해 20개의 매장을 운영하고 있다. 당시 나는 토마스 핑크 매장에서 양말과 넥타이를 구매했다. 점원이 제품을 담아준 쇼핑백은 핑크 컬러였는데, 브랜드 네임처럼 자기다움을 잘 나타내는 컬러를 활용하고 있다는 느낌을 주었다. 그런데 비행기에 탑승하고 나서 여러 장의 카드 영수증을 정리하다 보니 눈에 확 띄는 영수증이 하나 있었다. 그 영수증의 바탕 컬러는 핑크였다. 그 순간 어떤 브랜드의 영수증인지 단번에 알아챌 수 있었다.

토마스 핑크의 핑크색 영수증을 보면서 브랜드 전문가로서 많은 생각을 하게 됐다. 과연 브랜드의 일관성은 과연 어디까지 이어져야 할까. 브랜드 컬러 또한 브랜드 아이덴티티를 구성하는 중요한 요소이므로 브랜드 차별화를 위해 어떻게, 어디까지 활용하면 좋을지를 토마스 핑크는 잘 보여주었다.

　브랜드 컬러와 관련된 또 하나의 경험은 국내 공항에서 이루어졌다. 최근 들어 항공권을 인터넷이나 모바일앱에서 예약하다 보니 영수증을 따로 발급받는 일이 점점 줄고 있다. 그런데 2018년 가을, 제주도 공공기관으로 강의를 하게 된 덕분에 교통비 지급을 위해 영수증을 제출해야 할 일이 생겼다. 또 강의 시간에 맞는 비행기 편을 찾다 보니 서울에서 제주로 갈 때는 제주항공을, 제주에서 서울로 올 때는 대한항공을 예약하게 됐다.

　강의 날이 되어 김포공항에 도착해 각 항공사 카운터에서 항공권과 영수증을 발급받고는 흥미로운 점을 발견했다. 제주항공의 항공권 영수증 배경 컬러는 자사의 브랜드 컬러와 같은 오렌지 컬러인 반면, 대한항공의 영수증 배경 컬러는 옐로 컬러였다. 대한항공의 브랜드 컬러가 연한 블루 계열인 것을 감안하면 영수증의 옐로 컬러는 왠지 생뚱맞아 보였다. 대한항공다움이 전혀 없었다. 차라리 하얀색 바탕의 영수증이었다면 그냥 넘어갈 수도 있었을 것이다. 브랜드 아이덴티티와 어울리지도 않는 영수증의 옐로 컬러 때문에 브랜드에 대한 실망감마저 생겼다. 그만큼 브랜드 컬러의 활용과 일관성이 왜 중요한지, 브랜드 차별화에 어떤 영향을 줄 수 있는지 눈여겨볼 필요가 있다. 가급적 자신의 브랜드 컬러를 활용해 아이덴티티의 일관성을 높여야 하지 않을까.

2장

한 끗이 다른 비즈니스의 세 가지 조건

1

새로운 고객경험, 비즈니스 모델의 시작과 끝

사물을 다르게 보는 눈은 비즈니스의 시작이나 마찬가지다. 제품이나 서비스의 콘셉트에서 차별화 요소를 찾을 수 없다면 비즈니스를 발전시키고 경쟁자들로부터 독보적인 위치를 선점하는 데 어려움을 느낄 수밖에 없다. 아로사 호텔에서 엘리베이터에 써 붙인 작은 문구 하나가 고객들에게 전혀 색다른 경험을 제공한 것처럼 자신들의 약점마저 강점으로 바꿔 고객들에게 특별한 경험을 제공하는 비즈니스 사례들에 대해 살펴보자.

재플슈츠 샌드위치

호주의 샌드위치 전문점 브랜드인 재플슈츠*Jafflechutes*도 자신의 약

하늘에서 샌드위치가 떨어진다면?

재플슈츠 홈페이지.

점을 강점으로 바꾼 비즈니스 모델의 사례로 손색이 없다. 재플*Jaffle*은 호주에서 샌드위치를 말하고, 슈츠*Chutes*는 낙하산을 뜻한다. 전혀 관계 없어 보이는 두 단어를 합성한 재플슈츠는 사실 자신들의 비즈니스를 잘 표현해낸 브랜드 네임이다. 실제로 7층에서 낙하산에 샌드위치를 매달아 고객에게 전달하는 서비스를 제공하기 때문이다.

호주 멜버른에서 샌드위치 사업을 시작한 재플슈츠의 창업가들은 매장이 건물 7층에 위치한 덕분에 고객들의 접근이 용이하지 않다는 약점을 갖고 있었다. 그래서 고안해낸 것이 테이블 없이 인터넷으로 주문을 받고, 정해진 시간에 7층에서 낙하산으로 샌드위치를 전달하는 서비스였다. 이러한 방식을 일명 O2O *Online to Offline* 서비스라고 한다. 재플슈츠는 고객들에게 하늘에서 떨어지는 낙하산 샌드위치라는 새로운 경험을 제공했고 자기다움을 통해 고객들의 공감을 얻을 수 있었다.

만약 창업자금이 많아서 1층에 비싼 월세를 주고 가게를 열 수 있었다면 이런 비즈니스 모델을 생각하지도 않았을 것이다. 하지만 일반적으로 약점이라 생각했던 7층을 오히려 강점으로 활용함으로써 비즈니스를 차별화하는 데 성공했다. 중소기업이나 스타트업 창업가들이라면 마케팅 예산이 부족하거나 창업 초기 예산이 부족할 경우가 많다. 재플슈츠는 자신의 몸집에 맞는 방법을 찾는 것이 성공적인 브랜드 차별화를 이루는 데 왜 중요한지를 보여준 사례다. 기업의 규모가 작기 때문에 못하는 것이 아니다. 오히려 규모가 작기 때문에 자신이 가장 잘할 수 있는 방법을 찾는 것이 비즈니스의 모델을 차별화시키는 자기다움의 원동력이다.

구글과 다음

비즈니스 세계에서 후발 주자들은 어떻게 해야 차별화를 이룰 수 있을까? 이를 위해 검색 엔진의 대표적인 선도자인 야후와 후발 주자 격인 다음과 구글을 비교해보자.

1990년대에 등장한 야후는 웹 서핑의 강자로 군림하며 검색 엔진 시장에서 포털 사이트의 표준과도 같은 기업이었다. 그런 덕분에 포털 사이트의 후발 주자인 다음의 메인 화면을 보면 검색 엔진, 신문기사, 쇼핑몰을 비롯해서 온갖 콘텐츠들로 꽉 차 있었다. 마치 선도자인 야후의 비즈니스 영역을 모조리 벤치마킹한 것처럼 보이기도 했다.

구글은 달랐다. 다음의 꽉찬 메인 화면을 보다가 로고와 검색창 이외에는 콘텐츠를 모두 없앤 구글의 메인 화면을 보면 마치 아무것도 없는 것처럼 보인다. 구글은 후발 주자인 자신들이 가장 잘할 수 있는 비즈니스 영역을 찾아 선택과 집중을 했다. 검색이라는 한 가지 분야에 모든 역량을 쏟아부은 것이다. 아무것도 드러내지 않은 텅 빈 화면은 오로지 검색에 집중한다는 구글의 철학을 잘 표현한다. 바로 구글의 메인 화면은 자신들을 검색 시장의 1인자로, 나아가 온라인 광고 시장의 1인자로 이끈 원동력이었다. 후발주자라면 선도자들이 추구하는 비즈니스 영역을 무조건 따를 필요가 없다.

그보다는 자신이 가장 잘할 수 있는 영역을 선택해 자기다움으로 집중하는 전략이 새로운 비즈니스 영역의 강자로 거듭나는 현명한 선택일 것이다.

로고와 검색창 이외에는 콘텐츠를 모두 없앤 구글의 메인 화면.

소녀들의 라이프 스타일 브랜드가 된 리틀 미스매치.

리틀 미스매치

늦잠을 자서 아침에 급하게 옷을 챙겨 입고 출근길에 나섰는데, 양말을 짝짝이로 신고 나왔던 경험이 누구나 한 번쯤 있을 것이다. 그럴 때면 편의점에서 양말을 사 신어야 할지, 그냥 벗고 다녀야 할지를 두고 고민하게 된다. 이런 일상의 작은 고민을 다르게 보는 눈으로 바라본 사람이 있다.

조나 스토우 Jonah Staw는 친구들과 식사 자리에서 '양말을 짝짝이로 팔면 어떨까?' 하는 궁금증이 떠올랐다. 당시 친구들은 그 아이디어에 대해 부정적인 반응을 보였다. 그러나 2004년, 조나 스토우는 자신의 색다른 아이디어를 실행에 옮기기 위해 리틀 미스매치 Little Missmatched라는 회사를 설립했다. 그는 소녀들을 타깃으로 서로 다른 디자인으로 구성된 세 짝의 양말을 함께 판매했다. 만약 한 짝을 잃어버려도 나머지 한 짝을 버릴 필요가 없어져 소비자들의 호응을 얻었다. 심지어 메인 타깃이었던 소녀 소비자들 외에 어른들도 무려 35%가 유입됐다.

비즈니스의 성공 여부는 사람들의 행동에 대한 이해에서부터 시작한다. 사람들이 불편해하는 부분을 해결해주려는 노력이 기존 제품과는 다른 시각과 접목될 때 빛을 발할 수 있다. 리틀 미스매치는 양말 판매에 대한 고정관념을 깨고 고객들이 공감할 수 있는 의미 있는 다름으로 차별화에 성공해 연 매출 5,500만 달러를 달성한 기업으로 성장했다. 오늘날 리틀 매스매치는 소녀들의 라이프 스타일 브랜드가 되어 활동복, 티셔츠, 가방, 자전거에 이르기까지 다양한 제품들로 사업 분야를 확장했다.

인스탁

최근 다양한 분야에서 업사이클링 upcycling이 도입되고 있으며, 식품 산업에서도 업사이클링의 개념을 도입해 새로운 상품군을 내놓고 있다. 제품화가 되지 못해 버려지는 사과로 만든 사과주, 버려지는 참외로 만든 참외장아찌, 못생긴 수박으로 만든 수박 주스, 병아리 콩을 삶아 으깨어 만드는 중동 음식인 후무스 hummus를 만들 때 버려지던 물로 만든 채식주의자용 마요네즈를 비롯해 다양한 업사이클 상품이 등장하고 있다.

네덜란드 최대 마트인 알버트 하인 Albert Heijn이라는 기업도 업사이클링을 도입해 비즈니스 모델의 차별화를 이뤄낸 사례로 대표적이다. 알버트 하인은 인스탁 Instock이라는 사내 푸드 스타트업을 활용해 식품 업사이클링 전략을 실행했다. 참고로 리사이클링 recycling이란, 버려지는 물자를 재활용하는 것을 의미하는 데 비해, 업사이클링은 'up' + 'recycling', 즉 단순한 재활용을 넘어 창의성을 더해 부가가치를 올리는 up 재활용을 의미한다.

인스탁은 브런치 카페 브랜드다. 이곳에서 주로 사용하는 식재료는 '레스큐드 푸드 rescued food', 즉 알버트 하인에서 버려지는 식재료 중에서 '구조된 음식물'들이다. 식재료를 재활용해 만든 음식들에 대한 외부의 평가는 좋았다. 단순히 업사이클링 제품이라는 취지만을 높게 산 것이 아니라 높은 수익성도 한몫했기 때문이다.

2014년 인스탁은 알버트 하인의 사내 아이디어 경진대회를 통해

저렴함과 의미 있는 다름으로 공감을 얻은 인스탁.

얻은 아이디어를 바탕으로 시작한 사내 스타트업 기업이다. 주로 알버트 하인 매장에서 판매하는 식자재 가운데 유통기한이 얼마 남지 않거나 모양이 좋지 않아 판매할 수 없는 식자재들을 공급받아 푸드 트럭을 운영했다. 케이터링 서비스도 레스큐드 푸드를 활용해 운영했다. 인스탁은 더 나아가 식품 구조 센터Food Rescue Center를 설립해 식품 업사이클링에 동참하는 레스토랑과 케이터링 업체들로부터 채소나 과일들을 수거해 저렴하게 판매했다. 저렴함과 의미 있는 다름이 고객들의 공감을 얻음으로써 성공의 비결이 됐다.[7]

알버트 하인은 인스탁을 운영하면서 무엇보다 식자재 폐기 비용 절감 효과를 얻었다. 유통 기한 내에 판매하지 못한 식자재를 처리할 때에는 비용과 세금이 발생할 수밖에 없다. 하지만 업사이클링 덕분에 불필요한 비용을 줄일 수 있었다. 한편 인스탁 입장에서는 식자재를 무료에 가까운 비용으로 공급받아 낮은 가격에 식음료를 판매함으로써 가격 경쟁력과 영업 실적을 모두 잡은 성공 사례로 손꼽힌다.[8] 또한 홍보 효과 등 다양한 무형의 가치도 함께 높여주었다. 식품 산업에서 업사이클링이라는 개념을 도입한 다른 시각이 비즈니스의 차별화에 왜 중요한지를 잘 보여주는 사례다.

고트

결국 비즈니스의 차별화는 고객들이 비즈니스 모델 자체에 공감할 수 있느냐에 달려 있다. 상품의 가치가 천차만별인 시장에서는 다른 무엇보다 고객이 무엇을 중요하게 생각하는지에 집중하고 그들의 수요를 만족시켜줄 수 있을 때 차별화를 이뤄낼 수 있다. 조금 생소하게 들리겠지만, 중고품을 판매하는 시장이 바로 그러하다.

중고 스니커즈에 대한 고객들의 욕구가 있다는 것을 발견하고 이를 비즈니스 모델로 승화시켜 성공한 사례가 있다. 미국의 대표적인 스니커즈 종합 쇼핑몰을 운영하는 풋락커 *Footlocker*가 1억 달러를 투자한 고트 *GOAT* 그룹은 에디 루 *Eddy Lu*와 다이신 수가노 *Daishin Sugano*가 2015년에 설립한 기업으로, 중고 스니커즈 판매 플랫폼을 운영하고 있다. 고트 그룹을 탄생시킨 다이신 수가노는 개인적인 경험을 토대로 사업 아이디어를 떠올렸다.

그는 23년 전에 인기를 끌었던 에어조던 5가 재출시되자 이베이 *ebay*에서 구입했는데, 나중에 자신이 가짜를 구입했다는 것을 알게 됐다. 특히 중고 시장에서 나이키 브랜드가 제일 많은 가짜 상품으로 판매되고 있다는 것을 알게 된 그는 뭔가 잘못됐다고 생각했다.

중고 스니커즈를 판매하는 과정에서 진품을 가릴 수 있는 시스템이 부재했기 때문에 누구도 막을 수 없는 일이었다. 그는 곧장 판매 과정에서 신뢰할 수 있는 검증 절차를 구축할 수 있는 방법이 없는지 찾아보기 시작했고, 다양한 시도 끝에 고트라는 중고 판매 플랫폼을 개발하기에 이르렀다. 우선 고트에서는 중고 스니커즈 판매자가 각기 다른 각도로 제품 사진을 찍어 올린다. 그러면 고트의 메인 시스템에서 판매자로부터 전송받은 사진을 이미지 인식 프로그램을 통해 진품과 비교 분석해 판별한 후 진품으로 인정된 제품만 판매할 수 있도록 한다. 검증 과정을 통과해야만 판매자와 구매자가 서로 접촉할 수 있다. 판매가 완료되면 판매자는 고트로부터 배송 티켓을 받아 전 세계 12곳의 고트 배송센터 중 한 곳으로 상품을 보낸다. 그러면 그곳에서 다시 한번 진품 검증 절차를 밟은 후 고트의 전용 박스로 포장되어 구매자에게 보내진다. 고트는 거래 비용의 10~30%를 수수료로 받는다.

온라인에서 성공을 거둔 고트는 오프라인으로 확장을 시도했다. 벤처캐피탈로부터 6천만 달러의 투자를 받았고 2018년 2월 뉴욕과 LA, 마이애미에서 인기 있고 희귀한 스니커즈를 판매하는 플라이트 클럽 3개 매장을 인수했다. 이후 고트 플랫폼의 스니커즈 목록은 1년 동안 3배 이상 증가해 총 75만 개 상품으로 늘어났다. 출시된 지 수십 년이 지난 제품에서부터 아직 출시되지 않은 스니커즈에 이르기까지 총 3만 5천 가지의 독특한 스니커즈를 판매하고 있다.[9]

2019년 상반기, 고트 그룹의 기업 가치는 약 5억 5천만 달러(한화 6600억 원)다. 중고 스니커즈 시장에서 고객들이 원했던 진품과 가짜를 가릴 수 있는 검증 절차 시스템을 도입한 다르게 보는 눈이 비즈니스의 차별화를 이루는 데 큰 역할을 했다. 무엇보다 기업가이기 이전에 소비자의 한 사람으로서 자신의 경험을 잘 살려 소비자들이 진정으로 원하는 가치를 비즈니스 모델로 만든 것이 성공의 요인이 된 사례라 할 수 있다.

신뢰할 수 있는 중고 판매 플랫폼을 개발해 성공한 풋락커×고트.

2

단 하나의 콘셉트,
남다른 것이
하나라도 있는가

비즈니스에서 콘셉트는 상품이나 서비스의 본질이자 차별화에 매우 중요한 요소다. 콘셉트는 시장 환경 분석과 자사, 경쟁사, 소비자 분석을 거쳐 찾아낸 자신들만의 특성을 바탕으로 구축된다. 기업 입장에서는 전반적인 시장 환경을 분석하고 이를 기반으로 자사의 강점을 반영한 콘셉트가 경쟁사들과 차별화된 콘셉트인지, 소비자들이 공감할 수 있는 콘셉트인지를 끊임없이 분석해 하나의 콘셉트를 제시한다.

브랜드 관리 관점에서는 콘셉트를 크게 세 가지로 구분한다. 기능적 콘셉트, 상징적 콘셉트, 경험적 콘셉트로 나눌 수 있다.[10]

첫 번째, 기능적 콘셉트는 소비자들의 기능적 문제 해결을 강조하는 콘셉트다. '때가 쏙, 비트'처럼 얼룩을 제거해주는 문제 해결을 제시하는 것을 말한다.

두 번째, 상징적 콘셉트는 자아 이미지를 강화하거나 실현하기 위해 소비자의 욕구를 충족시키는 것을 목표로 하는 콘셉트다. '대한민국 1%를 위한 초 프리미엄 가전 LG 시그니처'처럼 소비자가 자신의 사회적 지위를 표현하게 도와주는 것을 말한다.

세 번째, 경험적 콘셉트는 감각적, 인지적 자극을 통해 소비자 경험의 만족을 강조하는 콘셉트다. '제3의 공간 The Third Place, 스타벅스'처럼 집과 학교 또는 회사를 다니는 일상생활 속에서 누릴 수 있는 휴식과 문화의 공간을 강조해 경쟁자들과 다른 경험을 제공한다는 것을 말한다. 이러한 콘셉트의 차별화는 한 회사의 성공을 넘어서 비즈니스에 많은 영향을 줄 수 있다.

와비 파커

소비자들이 불편하게만 생각하는 구매 경험을 슬겁고 의미 있는 경험으로 바꿔주어 성공한 브랜드로 안경 브랜드인 와비 파커 Warby Parker가 대표적이다. 와비 파커는 단순히 기부를 앞세워 소비자들의 공감을 불러일으키는 비즈니스 모델을 넘어 기존 안경 브랜드들과는 전혀 다른 콘셉트로 접근한 서비스를 보여주었다.

보통 사람들은 안경을 구매하면 1년에서 2년 정도는 하나의 안경만을 쓰고 다닌다. 그만큼 신중하게 구입하게 되는 대표적인 소비재다.

또 안경을 쓰는 사람들이라면 한 번쯤 '왜 안경은 꼭 비싸야 하는 걸까?' 하는 의문을 갖게 된다. 펜실베이니아대 와튼스쿨 동창생인 닐 블루멘탈Neil Blumenthal, 데이브 길보아Dave Gilboa, 앤드류 헌트Andrew Hunt, 제프리 레이더Jeffrey Raider는 '안경을 온라인에서 저렴하게 살 수 없을까?'라는 질문에서 시작해 비즈니스 모델의 콘셉트를 떠올리게 됐다.

직접 안경을 써볼 수 없는 온라인 스토어의 한계를 극복하기 위해 이들이 구상한 서비스의 핵심 콘셉트는 '홈 트라이온Home Try-On'이다. 즉 이들의 서비스를 이용하면 집에서 안경테를 무료로 착용한 후 구매를 결정할 수 있다. 먼저 소비자는 웹사이트에서 마음에 드는 안경테 다섯 개를 고르면 선택한 샘플을 집에서 받아볼 수 있다. 일주일 동안 다섯 개의 샘플을 써본 후 가장 마음에 드는 안경테를 골라 온라인에서 구매한 후 샘플을 다시 본사로 보내면 된다. 이 과정에서 발생하는 모든 왕복 배송료는 무료다.

와비 파커에서 시도한 가격 정책은 보기 드문 수직 통합형 비즈니스 구조 덕분에 가능했다. 제조업체로부터 안경을 직접 공급받고 중간 상인 없이 온라인 스토어를 통해 안경을 직접 판매하기 때문에 가격이 저렴한 것이 그들의 특징이다. 디자인, 제조, 판매 등의 모든 과정을 수직으로 통합하면(외주 업체를 통하지 않고 내부에서 직접 디자인하고 제조, 판매까지 한다는 의미) 제품 가격을 합리적이고 획기적으로 낮출 수 있다.

와비 파커는 안경테를 직접 디자인해 라이선스 비용을 줄인 덕분에 안경의 가격을 거의 대부분 95달러(2019년 기준, 약 11만 원) 수준으로 맞출 수 있었다. 여기에는 단초점 안경렌즈도 포함돼 있다. 가격이 저렴하다고 해서 안경의 품질이 떨어지는 것도 아니다. 뿔테의 경우 명품 안경 브랜드들이 주로 사용하는 셀룰로오스 아세테이트와 같은 고급 소재를 사용했다. 또 150년 전통의 이탈리아 가죽 회사와의 협업을 통해 세련된 디자인과 고품질의 안경을 생산한다.[11]

와비 파커는 고객 서비스 면에서도 업계 최고다. 신속함과 친절함은 기본이고, 와비 파커의 자기다움인 진심을 담았다. 가령 고객센터에 전화를 걸면 언제든지 6초 안에 상담원과 연결된다. 사업의 성공 키워드를 '고객들의 경험'에 두고 있기에 가능한 일이다. 기업이 소비자를 기쁘게 만들면 그들이 자발적으로 다른 소비자들에게 브랜드에 대해 더 많이 입소문을 낸다는 것이 핵심이다. 이것이 창업 초기부터 와비 파커의 매출을 이끄는 원동력이었다.

와비 파커의 창업자들은 "모든 아이디어는 문제의식에서 출발한다. 우리의 경우에는 단순했다. '안경이 너무 비싸다'는 것이었다. 안경 구매는 쉽고 즐거워야 한다. 또 안경을 썼을 때 행복하고 보기에도 좋아야 한다. 그리고 저렴해야 한다"고 말한다. '안경은 비싼 제품', '직접 써 볼 수 없기에 온라인에서 살 수 없는 제품' 등의 고정관념을 깨뜨린 그들은 오로지 고객의 구매 경험을 바꾼다는 것에만 초점을 맞춰 성공했다.[12] 만약 그들이 안경에 대한 고정관념을 받아들이고 답이 없을 것이라고 생각했다면 다르게 보는 눈으로 콘셉트를 찾아내어 차별화를 이루지 못했을 것이다.

스타트업 기업들은 비즈니스 모델을 만들어가는 과정에서 자신만의 비즈니스 철학을 구축해야 한다. 비즈니스 철학은 브랜드 아이덴티티 시스템으로 표현되며 그 핵심에는 단연 브랜드 콘셉트가 자리하고 있다. 자신만의 몸집을 이해하고 경쟁자들과는 다르며 고객들이 공감할 수 있는 콘셉트만이 차별화를 이룰 수 있다. 와비 파커는 탐스TOMS나 리슨LSTN처럼 '기부'라는 공통된 콘셉트를 이어갔을 뿐만 아니라 안경 시장에서 가격이 저렴하고 구매하기 쉬우며 보기에도 좋아야 한다는 자신만의 콘셉트로 비즈니스의 차별화를 이룬 성공 사례로 손색이 없다.

5개의 안경테를
집에서 직접 골라 써볼 수 있게 한
와비 파커.

3

고객의 공감,
서비스를 완성하는
마지막 퍼즐

서비스에서 차별과 차별화의 구분은 매우 중요하다. 누구나 서비스의 차별화를 말하지만 성공하지 못하는 이유는 차별로 끝나기 때문이다. 즉 고객들의 공감을 얻지 못하는 단순한 다름이기 때문이다. 서비스에서도 자기다움을 명확히 밝혀야 한다. 또한 이때에도 다르게 보는 눈이 차별화를 만드는 데 매우 중요하다. 서비스의 차별화 사례를 소개하고자 한다.

버거킹

글로벌 브랜드들이 현지의 문화나 생활습관을 반영한 제품이나 서비스를 개발해 성공한 사례는 다양하다. 그중 햄버거 브랜드인 버거킹

햄버거를 먹으며 사우나를 즐길 수 있는 핀란드 버거킹 스파.

패스트푸드점에서 결혼식이 가능하다는 다른 시각을 보여준 홍콩 맥도날드.

의 사례도 주목할 만하다. 핀란드 헬싱키의 버거킹 지사는 핀란드 사람들이 사우나를 즐기는 문화를 가지고 있다는 것에서 착안해 2017년에 사우나를 즐기면서 햄버거를 먹을 수 있는 버거킹 매장을 열었다. 현지의 문화를 잘 이해하고 접근한 핀란드 헬싱키의 버거킹 스파는 현지인들에게 매우 좋은 반응을 얻었다.

이전까지 어느 누구도 햄버거를 먹으면서 사우나까지 즐길 수 있는 매장을 생각하지 못했다. 이처럼 해당 국가나 지역의 문화를 잘 이해하고 고객의 공감을 얻을 수 있는 다름을 서비스의 차별화로 잘 활용할 경우 브랜드에 매우 긍정적일 수 있다는 사례들이 늘고 있다.

맥도날드

전 세계 햄버거 글로벌 브랜드로서 늘 선두 자리를 꿰차고 있는 맥도날드도 현지화 서비스에 공을 들이고 있다. 특히 홍콩에서 문화적 접근을 통해 현지인들에게 호응을 얻는 서비스로 차별화를 이루었다. 바로 맥도날드 웨딩 서비스다. 홍콩 사람들은 경제적이고 합리적인 성향과 문화로 대표된다. 결혼식에서도 허례허식을 기피하는 홍콩 사람들이 많다고 한다. 그런 홍콩 사람들의 특징이 잘 드러난 한 일화가 발단이 되어 패스트푸드 전문점이었던 맥도날드에서 웨딩 서비스를 시작한 사례가 있다.

어느 날, 한 커플이 맥도날드 매장을 찾아가 해당 점포의 점장에게 2시간 정도 매장을 빌려줄 수 있는지 물었다. 점장은 그들이 매장에서 결혼식을 하려고 한다는 말에 햄버거 매출을 올릴 수 있다고 판단해 흔쾌히 장소를 빌려주기로 했다.

결혼식을 올린 커플은 친구들과 함께 맥도날드 매장에서 결혼식을 올렸고 그 소식은 소셜 미디어를 통해 일반인들에게도 소개됐다. 이후 많은 젊은 커플들이 앞다투어 맥도날드에 결혼식 관련 문의를 하기 시작했고, 맥도날드 홍콩 지사에서는 이를 아예 사업화시키기로 결정했다.

홍콩 맥도날드에서는 2017년 기준, 한화 약 50만 원에서 130만 원만 내면 결혼식에 필요한 서비스를 제공했다. 게다가 맥도날드 웨딩 서비스에 대한 소식이 동유럽에까지 전해지기도 했다.

이처럼 패스트푸드 매장 안에서도 결혼식이 가능하다는 다른 시각이 서비스의 차별화를 만들어 성공을 이끌어냈다. 특히 결혼식과 같은 문화적 차이에 대한 인식을 잘 파악해야 고객의 공감을 얻는다는 것을 잘 보여준 사례다.

만약 국내 패스트푸드 프랜차이즈 매장에서 결혼식 서비스를 내놓았다면 이를 이용할 것인지를 학생들에게 묻자 대부분 부정적인 반응을 보였다. 이것이 바로 문화적 차이다. 아직까지 우리나라에서는 결혼식을 떠올리면 격식을 무엇보다 중요하게 생각하고 양가 친척을 비롯해 손님들을 모시고 치르는 행사라는 점에 중점을 두기 때문이다. 이러한 배경을 고려해볼 때 한국에서 맥도날드가 웨딩 서비스를 운영했다면 단순한 다름으로 끝났을지도 모르겠다는 생각이 든다.

스타필드

유통 서비스에서도 경쟁자와의 차별화를 통해 성공한 사례가 많다. 신세계 프라퍼티 터브먼 아시아에서 운영하는 스타필드$_{Starfield}$가 대표적이다. 전통적인 유통업계에서는 경쟁자를 단지 유통업계 안의 경쟁자로만 보는 경향이 있다. 또 소비자를 상대하는 방식으로는 '유통=쇼핑'만을 떠올린다. 그런데 스타필드는 경쟁의 구도를 다른 시각으로 바라봤다. 고객들의 유통에 대한 인식과 라이프 스타일에 대한 연구를 통해 경쟁의 범위를 정확히 파악하고서 새로운 유통 서비스의 세계를 열었다.

신세계 프라퍼티 터브먼 아시아는 먼저 고객들이 주말이나 휴일 시간을 어떻게 보내는지를 분석했다. 특히 아이가 있는 가정의 경우 아이들은 놀이공원에 가길 원하고, 젊은 부부들은 레저시설에서 여가를 즐기고 싶어 하는 것을 알게 됐다. 만약 그들이 엔터테인먼트 시설을 즐기기만 한다면 쇼핑에 시간을 쏟을 수 없으며, 이는 곧 유통업 실적에 많은 영향을 미칠 수 있다는 결론에 도달했다. 즉 쇼핑몰에서의 시간 점유율$_{time\ share}$을 어떻게 높일 것인지가 관건이었다.

현재 스타필드는 쇼핑센터 안에 엔터테인먼트 시설들을 대규모로 갖추고 있다. 아이들과 함께 가족들이 즐기고 쇼핑할 수 있는 공간으로 만들어졌고, 젊은 사람들도 스포츠몬스터, 아쿠아필드, 메가박스 등의 놀이 시설을 즐기다 쇼핑도 함께 할 수 있도록 시간 점유율을 높이는 서비스를 제공하고 있다.

스타필드는 무엇보다 고객들의 라이프 스타일의 변화를 감지하고 유통 서비스를 다른 시각으로 바라봄으로써 고객들의 공감을 얻었다. 즉 고객의 시간을 대형 쇼핑몰이라는 하나의 공간에 집중하도록 만들어 유통 서비스의 차별화를 이룰 수 있었다. 스타필드의 유통 서비스 사례는 경쟁의 구도를 기존 경쟁자들에 한정 짓지 않고 다르게 보는 눈으로 경쟁자들을 바라보는 것이 얼마나 큰 차별화를 이끌어낼 수 있는지를 잘 보여준다.

3장

차별화된 브랜드 전략을 만드는 열 가지 기본 코드들

1

브랜드 아이덴티티, 코카콜라는 어떻게 즐거움을 파는 기업이 됐나

프랑스 HEC 경영대학원의 장 노엘 캐퍼러 *Jean Noel Kapferer* 교수는 브랜드란 "고객이 가지는 호의를 기반으로 마케팅의 대상이 되는 제품이나 서비스를 직접 경험하게 함으로써 그들과 함께 의도한 바람직한 관계를 정립해가는 것"이라고 정의한다.[13] 이는 무형성의 호의를 기반으로 소비자들이 직접 경험함으로써 고객과 브랜드가 하나의 관계를 형성한다는 의미다.

미국마케팅협회에서는 브랜드를 "자신의 회사, 제품 또는 서비스에 정체성 *identification*을 부여하고 경쟁자의 회사, 제품 또는 서비스와 차별화 *differentiation*시키기 위해 사용되는 이름, 디자인 또는 이들의 모든 결합체"라는 의미로 정의하고 있다. 이것을 나는 단순화시켜 'BRAND=ID

Identification+Differentiation'라고 표현한다.

장 노엘 캐퍼러 교수는 "브랜드는 단순히 상품이 아니라 본질, 의미, 방향을 이끄는 것으로, 하나의 브랜드를 구축하는 데에는 브랜딩 이상의 것이 필요하다"라고 강조했다.[14] 또한 모든 비즈니스가 자신만의 브랜드를 소유하기를 원하는 것은 더 큰 수익성을 창출하려는 목적 때문이고, 브랜드 전략은 곧 비즈니스 전략으로 연결되므로 브랜드 자산을 전략적으로 관리해야 한다고 강조했다.[15]

이처럼 브랜드 경영은 매우 중요한 활동이기 때문에 브랜드 차별화가 매우 중요하다. 브랜드에 대해 논의하기에 앞서 브랜드 아이덴티티라는 용어에 대한 이해가 필요하다. 브랜드 아이덴티티란 기업이 브랜드를 통해 조직 및 목표 고객에게 각인시키고자 하는 목표 이미지를 말한다. 향후 브랜드 커뮤니케이션의 핵심 메시지로도 작용한다. 기업의 관점에서 센더*sender*(원래는 '송신자'를 뜻하지만 여기서는 고객에게 수용되기를 희망하는 이미지)를 의미한다. 그와 달리 브랜드 이미지라는 용어는 타깃 및 고객의 관점에서 리시버*receiver*(원래는 '수신자'를 뜻하지만 여기서는 실제 수용된 이미지)를 의미한다.

풀무원과 이랜드

브랜드 관리 차원에서 브랜드 아이덴티티와 브랜드 이미지를 일치시켜야 한다는 점이 매우 중요하다. 즉 기업이 말하고자 하는 브랜드

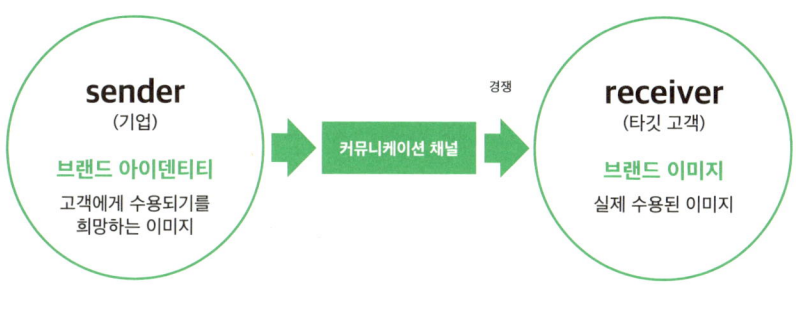

아이덴티티와 이미지 개념

아이덴티티가 고객들에게 브랜드 이미지로 그대로 받아들여져야 차별화에 성공할 수 있다. 이런 점을 고려해 브랜드 아이덴티티의 일관성을 강조하며, 디테일하게 브랜드 콘셉트를 설정하고 브랜드 아이텐티티 시스템을 구축해야 한다. 브랜드 아이덴티티 시스템이 잘 갖춰져야만 브랜드 네임과 디자인, 커뮤니케이션 전략 등도 일관성을 갖게 된다.

예를 들어 풀무원이라는 브랜드를 생각하면 떠오르는 문구가 있다. 대표적인 것이 '바른 먹거리 풀무원'이다. '바른 먹거리'는 앞서 말한 브랜드 아이덴티티의 대표적인 문구로서, 일관성 있는 커뮤니케이션을 통해 고객들이 느끼는 브랜드 이미지로 굳어진 좋은 사례다. 기업 관점에서도 '바른 먹거리'라는 아이덴티티를 유지하기 위해 풀무원 브랜드를 활용하는 모든 제품들의 품질부터 커뮤니케이션에 이르기까지 일관성 있게 관리하고 있다.

반면 이랜드 그룹은 사업 초창기에 패션 사업을 운영하면서 '이랜드'를 의류 브랜드로 직접 활용한 적이 있다. 당시에 그들이 내세운 브랜드 아이덴티티는 '아이비리그의 낭만을 입는다'는 것이었다. 하지만 고객들 사이에서 형성된 이랜드의 브랜드 이미지는 '중고생들이 입는 옷'으로 굳어지는 바람에 브랜드 아이덴티티를 잘못 구축한 사례가 됐다.

코카콜라

브랜드 아이덴티티와 브랜드 이미지를 설명하는 데 빠지지 않는 브랜드가 있다. 바로 코카콜라다. 코카콜라의 브랜드 콘셉트는 '즐거움'이다. 코카콜라 광고를 보며 우울하게 느낀 적이 있는가? 코카콜라의 브랜드 커뮤니케이션 활동을 보면 항상 '즐거움'을 고객들에게 전이하기 위한 노력이 엿보인다.

코카콜라는 '세계 최고의 식음료 기업'이 되겠다는 브랜드 비전$_{Brand\ Vision}$이 있었다. 또한 자신들의 비전을 이루기 위해 어떤 노력을 하겠다는 선언 격으로, '코카콜라가 보유하는 상표를 강화하는 사업을 통해 장기적으로 우리의 주주고객을 위한 가치를 창조한다'라는 브랜드 미션$_{Brand\ Mission}$을 갖고 있다. 또 브랜드를 마치 사람처럼 표현하는 브랜드 개성$_{Brand\ Personality}$으로는 '친근한, 우호적인, 즐거운'이라고 구축하고 있다. 마지막으로 '세계를 상쾌하게' 만들겠다는 브랜드 가치$_{Brand\ Value}$를 표방한다. 이렇게 하나의 브랜드를 경영할 때 자신들의 철학을 브랜드 플랫폼이라는 형태로 구축하게 된다.

Brand Concept	즐거움 (Enjoyableness)
Brand Vision	세계 최고의 식음료기업 (World's largest beverage company)
Brand Mission	코카콜라사가 보유하는 상표를 강화하는 사업을 통해 장기적으로 우리의 주주고객을 위한 가치를 창조한다. (We exist to create value for our shareowners on a long-term basis by building a business that enhances The Coca-Cola Company's trademarks.)
Brand Personality	친근한 (Familiar), 우호적인 (Friendly), 즐거운 (Enjoyable)
Brand Value	세계를 상쾌하게 (We refresh the world)

* 세계 최고의 브랜드인 Coca-Cola는 '즐거움'이라는 일관된 브랜드 아이덴티티를 지속적으로 전개하고 있음.

코카콜라 브랜드 플랫폼
(《아커·켈러·캐퍼러 브랜드 워크숍》, 윤경구, 유나이티드북스, p227.)

대기업이든 중소기업이든 창업기업이든 브랜드 플랫폼 구축이 필요하다. 브랜드 플랫폼은 디테일하게 구축돼야 하며 회사 홈페이지나 다양한 홍보 수단을 활용해 대중들에게 공개함으로써 브랜드의 신뢰성을 높일 필요가 있다.

실제 브랜드들을 조사해보면 브랜드 플랫폼이 얼마나 중요한지를 확인할 수 있다. 먼저 비교를 위해 동일한 업종(치과 프랜차이즈)에 있는 브랜드 중 브랜드 플랫폼이 홈페이지에 공개돼 있는 곳과 브랜드 플랫폼이 공개돼 있지 않은 곳을 하나씩 선정했다. 설문 대상으로 남녀 50명씩 대학생 100명을 모집했고, 그들에게 두 브랜드의 웹사이트를 방문해 살펴보게 한 후 브랜드 신뢰도 측정을 실시했다. 그 결과 브랜드 플랫폼을 공개한 곳의 신뢰도가 공개하지 않은 곳에 비해 30%나 더 높았다. 그만큼 기업들은 브랜드 플랫폼 구축을 통해 홈페이지를 비롯한 다양한 홍보 수단을 활용해 자신들의 브랜드를 알려야 한다.

스타트업 기업의 브랜드 플랫폼

최근에는 스타트업 기업들이 '린 브랜딩 전략'을 추천하는 추세다. 린(lean · '야윈', '[비용을] 절감한') 브랜딩 전략이란 쉽게 말해, 최소한의 핵심만을 남기는 것을 말한다. 스타트업 기업도 브랜드 플랫폼을 구축해야 한다. 하지만 자원이 적은 스타트업 기업들은 기존의 대기업이나 중소기업의 브랜드 전략을 따라 수행하기에는 어려움이 따른다. 따라서 스타트업 기업들이 갖춰야 할 브랜드 플랫폼으로는 브랜드 콘셉트, 브랜드 비전, 브랜드 미션, 이렇게 세 가지만 구축할 것을 권장한다.

브랜드 콘셉트는 브랜드를 연상할 때 사람들이 떠올려줬으면 하는 것으로 브랜드의 지향점을 뜻한다. 브랜드 비전은 앞으로 어떤 기업이 되고자 하는지 지향하는 목표, 브랜드 미션은 비전을 이루기 위해 기업이 노력하고자 하는 모든 활동으로 앞서 소개한 일반적인 브랜드 플랫폼의 내용과 다르지 않다.[16] 모든 기업은 이러한 브랜드 플랫폼을 통해 브랜드의 관점에서 경영해야 하며, 경쟁자들과는 다르게 보는 눈으로 브랜드 차별화를 위한 관리가 이루어져야 한다.

브랜드 아이덴티티를 구성하는 요소로는 브랜드 네임, 로고 또는

Brand Concept	
Brand Vision	
Brand Mission	

스타트업 기업의 브랜드 플랫폼 양식

심볼, 슬로건, 징글, 캐릭터, 패키지, 컬러 등이 있다. 이들은 모두 브랜드를 차별화시키고 정체성을 부여하기 위한 목적을 돕는 도구들이다. 소비자들의 제품에 대한 인지도를 높여주고 제품을 연상시킬 수 있도록 도와주는 역할을 한다. 일부는 법적 보호를 받을 수도 있다. 또한 브랜드 아이덴티티의 각 요소들은 고객들이 공감할 수 있는 다름을 갖춰야 하는데, 이것들이 진정한 차별화를 이뤄낼 수 있는 수단들이다.

2

브랜드 네임, '마더'가 에너지 음료 이름이 된 이유

브랜드 네임은 기업이 전달하고자 하는 메시지와 고객의 마음이 만나는 최초의 접점이자, 브랜드 인지와 의사소통의 기본이 되는 핵심적인 요소다. 《최고의 브랜드 네임은 어떻게 만들어지는가》의 저자 스티브 리브킨Steve Rivkin은 브랜드 네이밍은 커뮤니케이션의 한 가지 형태이며, 커뮤니케이션을 잘하기 위해서는 브랜드가 말하고자 하는 바를 제대로 의미화해 전달해야 한다고 설명했다.[17]

브랜드 네임은 소비자들이 제품이나 서비스에 브랜드 로열티(충성도)를 갖게 만들 뿐만 아니라 법적 보호를 받아 타인이 남용하는 것을 방지하는 지식재산권 역할도 한다. 기업 입장에서는 기업명, 제품명, 서비스명을 개발하고 선정할 때 매우 중요한 요소로 활용된다. 또한 제품과 서비스의 핵심 주제를 담고 있어야 하며, 짧은 시간에 브랜드를 연상시 킴으로써 제품이 나타내고자 하는 것을 소비자들의 기억 속에 각인시키는 마케팅 커뮤니케이션 활동의 핵심 역할을 한다. 브랜드 네임 개발에서 가장 중요한 요소도 바로 차별화다. 다른 경쟁 브랜드 네임과의 차별화를 통해 소비자들에게 쉽게 인지시켜야 하기 때문이다. 차별과 차별화의 사례로 몇 가지 브랜드 네임 안에 대해 설명하고자 한다.

LG전자 1124

LG전자는 숫자를 도입해 '1124'라는 김치냉장고 브랜드 네임을 내세웠다. 숫자를 활용한 브랜드 네임은 분명히 경쟁사에서 시도하지 않았기 때문에 차별의 요소가 될 수 있다. 그러나 진정한 차별화에는 실패했다. 시장의 주목을 받는 데는 성공했을지 몰라도 소비자의 마음을 움직이는 데 실패했기 때문이다.

LG전자에서 출시했던 김치냉장고의 브랜드 네임은 원래 '김장독'이었다. 김치냉장고를 연상시키기에 좋은 브랜드 네임이었음에도 불구하고 획기적인 판매를 이뤄내지 못하고 있었다. 그런 덕분에 1등 브랜드인 '딤채'와의 격차를 좁히기 위해서는 브랜드 네임에 변화가 필요하다는 문제가 제기됐다.

그 결과 LG전자에서는 새로운 브랜드 네임으로 기존 김치냉장고 시장에서는 좀처럼 사용하지 않던 숫자를 활용한 브랜드 네임인 '1124'

알코올 도수 60도짜리 보드카라는 의미를 담은 노르웨이 60% 보드카.

를 내놓았다. '일(1)년, 열두(12)달, 사(4)계절' 내내 김치를 싱싱하게 유지시켜주는 김치냉장고라는 의미였다. 그러나 시장의 반응은 긍정적이지 못했다. 이렇게 숫자로 만들어진 브랜드의 의미를 사람들에게 이해시키기 위해서는 커뮤니케이션 비용이 많이 들 수밖에 없다. LG전자에서는 그만큼의 비용을 광고에 투자하지 않아 브랜드 인지율이 오히려 떨어지는 결과를 낳았다. 결국 LG전자의 김치냉장고 브랜드 네임은 '김장독'으로 되돌아가고 말았다.

덴탈크리닉 2080과 '60%' 보드카

브랜드 네임을 선정할 때 무조건 다른 것이 중요한 것은 아니다. 어떻게 다른지가 중요하다. 애경의 치약 브랜드 네임인 '덴탈크리닉 2080'은 LG전자와 마찬가지로 숫자를 활용한 브랜드 네임으로 차별화를 이룬 성공 사례 중 하나다. '2080'이라는 숫자는 제품의 속성을 직접적으로 표현하지는 않는다. 그보다는 숫자가 주는 과학적인 이미지를 소비자들의 머릿속에 전달할 수 있다는 작은 차이를 통해 인지도를 높일 수 있었다. 또 '20개의 건강한 치아를 80세까지'라는 숫자의 의미를 많은 광고를 통해 알려 소비자들에게 쉽게 인지시킬 수 있었다.

원래 '2080'은 일본 치의학회에서 캐치프레이즈로 활용한 것으로, "20개의 건강한 치아를 80세까지 유지하자"라는 의미를 담고 있다. 흥미롭게도 많은 소비자가 2080의 원래 의미를 인지하기보다(마치 보는 것을 믿는 게 아니라 믿는 것을 보는 것처럼) 20세부터 80세까지 사용하는 치약이라고 잘못 인지하는 경우가 많았다. 이러한 문제점을 파악한 애경은 이후 브랜드 커뮤니케이션을 통해 '20개의 건강한 치아를 80세까지'라는 의미를 소비자들에게 명확히 전달했다. 숫자를 활용한 브랜드 네임의 또 다른 사례로, 노르웨이 여행 중 알게 된 '60%'라는 보드카 브랜드가 있다. 알코올 도수 60도짜리 보드카라는 의미를 숫자와 기호만으로 담아낸 심플한 브랜드 네임이다.

미녀는 석류를 좋아해

독특하면서도 친숙한 말을 브랜드 네임으로 내놓은 사례들도 많다. '미녀는 석류를 좋아해'라는 석류 음료는 문장형의 독특한 브랜드 네임을 내세워 소비자들에게 제품을 쉽게 인지시켰다. 롯데칠성음료에서 이전에 출시했던 석류 음료의 브랜드 네임은 '모메존 석류'였다. 원래 '몸에 좋은 석류'라는 의미를 담은 브랜드 네임이었지만, 타깃인 젊은 여성들에게 어필하기에는 다소 적합하지 않다는 결론을 내렸다. 또한 젊은 타깃층은 모메존 석류라는 이름보다 '미녀는 석류를 좋아해'처럼 문장형의 독특하고 유머스러운 네임을 좋아하는 경향을 나타냈다.

결국 타깃층이 좋아할 만한 브랜드 네임이 필요하다고 판단한 롯데칠성음료는 문장형인 '미녀는 석류를 좋아해'로 브랜드 네임을 바꾸게 된다. 여성들의 감성을 자극할 만한 차별화된 브랜드 네임과 여성들에게 인기를 끌었던 배우 '이준기'를 활용한 TV광고가 시너지를 발휘해 해당 음료는 많은 사랑을 받았다. 이후 음료 시장을 비롯해 식품 관련 브랜드를 내놓은 업체에서는 '두 번째 우려낸 녹차만 담았다'처럼 브랜드 네임을 문장형으로 바꾸는 경향이 늘어나기도 했다.

 책 제목을 정할 때도 독자들의 마음을 끄는 차별화된 제목이 중요하다. 브랜드를 다루는 서적 중 애덤 모건Adam Morgan이 쓴 《큰 물고기를 먹어라 Eating the Big Fish》라는 책이 있다. 만약 이 제목을 우리말로 바꿀 때 단순히 번역을 하면 '큰 물고기를 잡아라' 정도로 옮길 수 있을 것이다. 실제로 이 책은 원제를 단순 번역한 제목으로 국내 시장에 출간됐다. 판매율이 그리 좋지 않자 출판사에서는 책 제목을 바꾸기로 했다. 국내 독자들에게 책의 의미를 제대로 전달하기 위해 새롭게 정한 제목은 《1등 브랜드와 싸워 이기는 전략》. 책의 제목을 바꿔 재출간하자 판매율은 두 배 이상 늘어났다고 한다. 그만큼 차별화된 브랜드 네임은 수많은 브랜드들 속에서 고객들의 선택을 이끌어내는 매우 강력한 요소다.

'INNOV8'과 'Q8'

 어떤 기업이 전 세계로 진출하고자 한다면 현지의 역사와 문화를 이해하고 이를 반영한 브랜드 네임으로 차별화를 이끌어내야 한다. 호주에는 매우 혁신적인 프로그램만 보여주는 '채널 8'이라는 방송 채널이 있다. 그들이 내세운 'INNOV8'이라는 브랜드 네임을 보고

읽으면 국가명이 연상되는 쿠웨이트 국영 공사 브랜드.

많이 놀랐다. 숫자 '8'의 영어 발음이 '에이트[eɪt]'인 것을 활용해 마치 'INNOVATE(혁신하다)'라는 한 단어처럼 읽을 수 있기 때문이다.

이처럼 영어로 브랜드 네임을 만들 때 숫자 8은 종종 쓰인다. 쿠웨이트 국영 공사의 브랜드 네임도 숫자 8을 활용한 'Q8'이다. 기존에는 'Gulf국영공사'라는 전형적이고 직접적인 이름을 활용하고 있었지만 숫자 8을 활용해 쿠웨이트라는 국가명을 발음상으로 연상시킬 수 있는 'Q8(큐에이트)'로 변경했다. 알파벳과 숫자를 결합해 한 단어를 연상시킬 수 있는 네임은 매우 창의적일 뿐만 아니라 차별성도 느낄 수 있다. 이처럼 언어의 발음에서 비롯한 재미 요소와 재치 넘치는 아이디어를 활용해 차별화를 꾀하는 것도 성공적인 브랜드 네임 전략 중 하나다.

애니씽과 왓에버

싱가포르의 음료 브랜드인 '애니씽 ANYTHING'과 '왓에버 WHATEVER'는 다른 시각과 지역의 문화적 특성을 잘 활용해서 만든 브랜드 네임의 대표적인 사례이다. 이 음료들을 제조 유통하는 회사는 엔터테인먼트 전문 회사인 아웃 오브 더 박스 Out of the box다. 이들은 음료 사업에 새롭게 진출하면서 젊은 층을 타깃으로 문화적 접근을 시도했다.

먼저 탄산음료인 애니씽과 아이스티인 왓에버의 브랜드 네임은 각각 '아무거나', '무엇이든'을 의미한다. 주로 자판기에서 판매를 하는데, 각각의 브랜드 네임처럼 소비자들은 동전을 넣고 버튼을 누를 때까

싱가포르에서 성공한 '랜덤캔' 전략이 우리나라에서도 먹혔을까?

지 자신이 어떤 맛(콜라맛, 사이다맛, 오렌지맛 등)을 마시게 될지 알 수 없다. 이런 예측 불허의 요소가 젊은 층의 호기심을 불러일으켰다.

소비자들은 자판기에서 어떤 음료가 나올지를 맞추면 과제를 대신 해주거나 밥값을 내는 등 음료가 가진 재미 요소를 일상 속에서 게임으로 활용하기도 했다. 특히 싱가포르인들 중 중국계 싱가포르인들은 '내기' 하는 문화를 좋아해 랜덤으로 얻게 되는 음료를 놓고 친구들과 어떤 맛이 나올지로 과제 해주기, 밥값 내기 등 내기하는 문화가 있었다. 애니씽과 왓에버는 젊은 층에게 얻은 인기를 발판으로 싱가포르의 유명 음료 브랜드로 급성장했다. 그 나라의 문화를 이해하고 젊은 층의 흥미를 일으키는 디테일을 통해 차별화된 브랜드 네임으로 자리 잡은 것이다.

2010년, 한국에서도 동아오츠카에서 애니씽과 왓에버의 프로모션 방식을 벤치마킹한 이벤트를 선보였다. 저탄산음료 브랜드인 데미소다의 '랜덤캔' 프로모션이다. 당시 애니씽, 왓에버와 비슷한 콘셉트의 자판기를 서울의 주요 지하철역 플랫폼에 설치하고 판매에 들어갔다.

과연 한국에서도 판매가 잘 됐을까? 결과는 참패였다. 한국의 젊은 층은 '모르면 사 먹지 않는다'는 식의 반응을 보였다. 단발성 이벤트로 진행한 영향도 있고, 또 단순한 흥미를 이끌 수는 있지만 정작 자신이 원하는 음료가 아니라면 실망할 수 있으므로 구매로 이어지는 경우가 적었다. 이는 음료를 선택할 때 단순히 흥미나 재미에 영향을 받는 것이 아니라 자신이 원하는 음료, 즉 음료의 맛을 더 중시하는 문화적 차이 때문이다. 고객들이 공감할 수 있는 문화적 접근이 왜 중요한지를 보여준 사례다.

'마더'

호주의 에너지 드링크 브랜드인 '마더Mother'도 문화적 접근의 대표적인 사례다. 마더는 '넘치는 에너지Heaps of Energy'라는 슬로건을 내세우고 있다. 그런데 마더라는 브랜드 네임을 우리말로 옮기면 '엄마'다. 만약 '엄마'라는 이름의 에너지 드링크가 우리나라에서 판매된다면 잘 팔릴까? 코카콜라가 레드불Redbull의 경쟁 브랜드로 만든 마더는 어떻게 에너지 드링크의 이름이 될 수 있었을까?

글로벌 브랜드 네임을 개발한다고 하면 가장 먼저 언어적으로 접근하기 쉽다. 새롭게 진출하고자 하는 국가의 언어적 표현으로 연상되는 이미지에 문제는 없는지, 상표 등록은 가능한지 등을 판단한다. 그런데 마더가 호주에서 에너지 드링크의 브랜드 네임으로 활용되고 있는 사례를 접하고서 많은 생각이 바뀌었다. 글로벌 브랜드 개발에서 가장 중요한 점은 해당 지역의 역사적·문화적 이해가 먼저라는 사실을 깨달았다.

호주는 역사적으로 영국의 범죄자들을 유배시키기 위해 만든 교도소 지역이었다. 그곳에서는 대부분 남성 죄수들과 남자 해병대들이 생활했다. 이러한 환경의 특수성을 바꾸기 위해 호주에서는 1887년부터 여성을 우대하는 이주 정책을 펼쳤다. 여성 우대 정책은 전 세계에서 가

해당 지역의 역사적·문화적 이해가 먼저임을 알려준
호주 에너지 드링크 '마더'.

장 먼저 여성 총리를 배출한 나라를 탄생시켰다. 또 집 안에 불이 났다면 아이와 노약자보다 엄마를 제일 먼저 구출하도록 여성 우대 정책을 법률적으로 제정했다고 한다. 이주 정책의 시행에 따라 가정 내 생활에도 많은 변화가 일어났다. 가부장적인 문화로 인해 아버지는 집안일을 거의 하지 않고, 어머니가 가정을 주로 돌보는 예전의 우리나라와는 달리, 호주에서는 엄마의 위상이 높았다.

글로벌 브랜드 컨설팅 프로젝트 덕분에 호주에서 잠시 생활하면서 호주와 우리나라의 문화적 차이를 직접 경험하기도 했다. 당시에 디자인 관련 대학교를 갓 졸업한 호주 현지인을 알게 됐다. 그의 집으로 저녁 식사 초대를 받아 방문한 적이 있는데, 한국의 가정문화와는 정반대의 분위기를 느꼈다. 그의 어머니는 소파에서 편하게 TV를 보고 있었고 아버지는 집안일을 하느라 매우 바빠 보였다. 이것이 내가 처음으로 마주한 호주의 가정문화였다.

알다시피 코카콜라는 현지화 전략을 잘 활용하는 기업으로 유명하다. 그러한 호주의 문화적 환경이라면 엄마라는 단어가 가정 내에서 최고의 존재라는 이미지로 인식될 것이다. 그제야 비로소 호주에서 에너지 드링크 네임으로 '마더'를 채택한 이유를 이해할 수 있었다. 브랜드 네임이 고객의 공감을 얻는 의미 있는 다름이 되기 위해서는 해당 지역의 역사와 문화에 대한 이해를 기반으로 해야 한다는 사실을 입증한 또 다른 사례인 것이다.

사이즈?

유럽 여행 중에 이탈리아 밀라노와 네덜란드 암스테르담에서 만난 신발 멀티스토어의 브랜드 네임은 자신들의 서비스 특징을 잘 드러내고 있었다. 멀티스토어의 이름은 '사이즈SIZE?'. 그들이 브랜드 네임에 담은 의미는 자신들의 매장에는 모든 종류의 신발이 다 있으니 사이즈만 말하면 된다는 것이다.

정말 멀티스토어의 이름처럼 내가 원하는 신발들이 전부 모여 있을 것 같은 느낌을 받았다. '사이즈?'는 그 자체만으로 신발 멀티스토어의 정체성을 잘 표현할 수 있는 네임이라 할 수 있다. 국내에는 'ABC마트', '레스모아', '폴더'와 같은 신발 멀티스토어 브랜드들이 있지만 '사이즈?'만큼 차별화된 브랜드 네임은 없는 듯하다.

잇탈리

이탈리아 밀라노를 여행하던 중에 만난 프리미엄 식료품섬 브랜드 '잇탈리EATALY'도 상당히 인상적이다. 잇탈리는 2007년 1월, 이탈리아 토리노에서 첫 매장의 문을 열었다. 2019년 11월, 캐나다 토론토에 매장을 연 이후 아메리카 대륙에 3개, 아시아 대륙에 9개, 유럽 대륙에 18개의 매장을 운영 중이다.

잇탈리의 커뮤니케이션 메시지는 'ITALY IS EATALY'다. 무엇보다 '이태리ITALY'와 '잇탈리EATALY'라는 발음이 비슷해 사람들의 머릿속

슈즈 멀티스토어 사이즈?(SIZE?).

이탈리아 식료품 전문점 잇탈리(EATALY).

에 각인되기도 쉽다. 식료품점을 연상시키는 '먹다$_{Eat}$'라는 단어와의 조합도 '이탈리아를 대표하는 식료품점'이라는 정체성을 잘 전이할 수 있는 데다 서비스의 특징까지도 잘 표현한 차별화된 브랜드 네임의 사례로 충분하다.

커리인어허리

뉴욕 소호 거리에 가면 흥미로운 커리 레스토랑을 만날 수 있다. '커리인어허리$_{Curry\ in\ a\ Hurry}$'라는 음식점인데, '커리$_{Curry}$'와 '허리$_{Hurry}$'의 발음이 비슷하다는 점 때문에 인지하기가 쉽다. 음식점이라는 특성상 서비스의 관점에서 보면 자신들의 서비스 내용을 잘 표현한 브랜드 네임이기도 하다. 우리말로 '커리를 빠르게 먹을 수 있는 곳' 정도의 의미를 담고 있는 커리인어허리는 브랜드 네임처럼 20가지 이상의 커리를 모두 주문 후 5분 안에 먹을 수 있다. 또 각 테이블에는 '식사 시작 후 15분 안에 나가라'는 메시지가 적혀 있어서 재미적인 요소도 담고 있었다.

레스토랑의 브랜드 네임은 고급스런 레스토랑과 대중적인 레스토랑을 구분해 각각의 특성과 이미지에 맞는 네임을 개발해야 한다. 무엇보다 서비스의 특징을 잘 표현하고 있는 브랜드 네임을 개발해 고객들의 공감을 얻는 것이 매우 중요하다. 그런 면에서 커리인어허리는 자신들의 서비스가 가진 특징을 남들과는 다른 브랜드 네임으로 잘 표현하고 있다.

20가지 이상의 커리를 5분 안에 먹을 수 있는 뉴욕 커리 전문점 커리인어허리(Curry in a Hurry).

'알파벳 거꾸로 표현 기법'으로 표현한 교복 브랜드 '스쿨룩스'.

스쿨룩스

프롤로그에서도 설명한 바 있는 브랜드 네임 차별화의 국내 사례로 주식회사 더엔진의 교복 브랜드인 '스쿨룩스SKOOLOOKS'가 있다. 브랜드 네임의 발상 기법 중 '알파벳 거꾸로 표현 기법'이라는 것이 있다. 말 그대로 기존 알파벳으로 구성된 단어를 뒤집어서 새로운 이름을 표현하는 것이다. 예를 들면 '룩스LOOKS'는 모양새를 뜻하는 단어인데, 이 단어를 거꾸로 쓰면 '스쿨SKOOL'이 된다. 또 우연하게도 단어의 발음이 영어 단어로 학교를 뜻하는 '스쿨SCHOOL'과 같아 '스쿨룩스'라는 브랜드 네임이 탄생했다. 교복을 연상시키는 브랜드로 더 없이 좋은 네임이다. 이처럼 단어를 거꾸로 표현하는 식의 다른 시각도 제품이나 서비스를 잘 연상시킬 수 있다면 다른 브랜드들과 차별화시키는 중요한 요인이 된다.

3

디자인, 로고에 숨겨진 메시지를 찾게 만들라

브랜드 디자인(로고, 심볼)은 자기다움을 시각적으로 쉽게 인지할 수 있도록 표현하는 요소로 경쟁 브랜드와 차별화를 이루는 데 중요한 아이덴티티 요소 중 하나다. 브랜드 네임을 뒷받침하는 중요한 역할을 하며 브랜드에 대한 회상을 불러일으킴으로써 소비자들이 기억하기 쉽도록 도와준다.

브랜드 디자인에 관한 주제로 강의할 때면 다음과 같은 질문을 종종 던진다.

"비스듬한 타원형에 블루 컬러를 지닌 이 브랜드 디자인은 어느 기업의 로고일까요?"

그러면 많은 사람이 "삼성이요!" 하고 대답한다. 대부분 브랜드 네임만을 브랜드라고 인식하는 경우가 많다. 브랜드 디자인이 왜 브랜드 아이덴티티의 요소로서 중요한 역할을 하는지를 설명하는 데 충분한 사례다.

한편 금호아시아나의 CI *Corporate Identity* 사례를 들어 심플한 디자인이 왜 차별화에 중요한지를 설명하기도 한다. 화살표 모양을 띠고 있는 금호아시아나의 브랜드 디자인은 고객과 기업의 만남을 의미한다. 또한 비상하는 날개를 모티브로 활용해 항공 산업이 주력인 아시아나의 이미지를 잘 표현했다. 무엇보다 심플한 화살표 심볼 *Symbol*을 통해 고객들이 쉽게 인지할 수 있도록 브랜드 디자인을 개발했다.

반면 웅진그룹의 CI는 복잡한 구조의 심볼 형태다. CI를 구성하고 있는 여섯 개 도형(그림)의 형태를 고객들이 쉽게 인지하기는 어려울 것이다. 만약 브랜드 네임의 오른쪽 또는 왼쪽에 동그라미를 배치하고 여섯 개의 도형(그림)을 그 속에 넣어 표현했다면 고객들이 기업 브랜드를 떠올릴 때 좀 더 쉽게 인지할 수 있었을 것이다. 웅진의 CI는 차별은 됐으나 차별화시키지 못한 대표적인 사례. 고객들에게 톡톡 튀는 디자인으로 인지될 수는 있지만, 공감할 수 있는 의미 있는 다름으로 인지되지는 못했다. 웅진그룹처럼 여섯 개의 도형(그림)으로 표현한 CI는 없기에 차별은 됐으나 고객들이 쉽게 인지할 수 있는 브랜드 디자인은 아니므로 진정한 차별화를 이루었다고 말하기 어렵다. 브랜드 디자인의 차별화 기준은 고객들이 쉽게 인지할 수 있는지의 여부다. 기업들은 반드시 이 문제에 대해 고민해야 한다.

금호아시아나

금호아시아나와 삼성 로고 vs 웅진씽크빅 로고.

워드 마크, 심볼 마크, 컴비네이션 마크

브랜드 디자인의 형태는 워드 마크Word Mark, 심볼 마크Symbol Mark 그리고 컴비네이션 마크Combination Mark의 세 가지로 나눌 수 있다. 워드 마크는 글자 자체로만 구성된 로고 형태를 말한다. 심볼 마크는 이미지 심볼 형태로 구성된 브랜드 마크를, 컴비네이션 마크는 글자와 심볼이 혼합된 브랜드 마크를 말한다.

최근에는 글자만을 활용한 워드 마크에서 심볼을 결합한 컴비네이션 마크 형태로 CI를 리뉴얼하는 사례가 늘고 있다. 대표적으로 SK그룹의 CI 리뉴얼 사례가 있다. SK그룹의 기존 CI는 단순한 워드 마크였지만 2005년에 지금과 같은 컴비네이션 마크로 리뉴얼했다. 기존 워드 마크로는 기업의 비전을 표현하거나 브랜드 스토리텔링을 만들기가 어렵다고 판단했기 때문이다.

SK그룹의 브랜드 에센스는 '고객 행복'이지만 기존 워드 마크로는 '고객 행복'을 표현하기가 어렵다고 판단해 기존 워드 마크에 나비 모양의 심볼 형태를 혼합한 CI를 내놓았다. 나비 모양의 심볼이 '행복날개'라는 의미를 전이할 수 있도록 리뉴얼한 것이다. 이처럼 심볼이 혼합되면 브랜드가 나타내고자 하는 의미를 보다 분명하게 표현할 수 있어 브랜드 스토리를 만들어가는 데 유용하다.

또한 심볼 형태를 활용하면 '히든 메시지'를 심어 고객들의 호기심을 유발시키고 구전효과도 유도할 수 있다. SK그룹의 CI 로고인 나비 모양을 자세히 살펴보면 왼쪽 날개에는 S자, 오른쪽 날개에는 K자의 디테

브랜드가 고객에게 전하고 싶은 의미를 분명하게 표현한 SK의 CI.

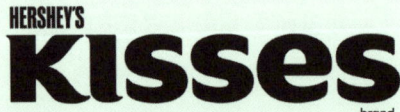

디테일한 요소가 숨어 있는 CI, BI를 만든 브랜드들.

일한 요소가 숨어 있어 고객의 흥미를 유발시킨다. 또 히든 메시지를 알게 된 사람들이 주변에 이 사실을 알리고 싶게 될 테니 구전 효과도 누릴 수 있다.

아마존의 CI에도 숨은 의미가 담겨 있다. 아마존이라는 워드 마크 아래에 그려진 화살표를 통해 a부터 z까지 모든 것을 다 하겠다는 히든 메시지를 전달하고 있는 것이다. 허쉬의 키세스Kisses 초콜릿 브랜드 디자인도 자세히 살펴보면 K자와 I자 사이에 삼각형의 키세스 초콜릿 모양이 숨어 있다. 페덱스의 CI에도 E와 X사이에 오른쪽 방향을 가리키는 화살표가 히든 메시지로 숨어 있다.

이처럼 브랜드 디자인을 통해 히든 메시지를 전달할 수 있도록 디테일한 요소가 숨어 있는 CI를 만들면 고객들 사이에서 구전효과를 기대할 수 있다. 다르게 보는 눈을 통해 만들어진 브랜드 디자인이 고객들에게 흥미를 불러일으켜 차별화에 중요한 역할을 한다는 것은 이미 여러 사례를 통해 증명됐다. 만약 CI를 만들거나 수정할 계획이라면 히든 메시지를 활용해보면 좋을 것이다.

CI, BI 리뉴얼 이것만은!

CI를 리뉴얼할 때에도 반드시 지켜야 할 원칙이 있다. 첫 번째는 기존 브랜드 디자인에서 유지해야 할 요소를 찾는 것이다. 고객들이 기존 브랜드 디자인에 대해 긍정적으로 생각하는 요소가 있다면 형태든 컬

매일유업 로고 변천.

청정원 로고 변천.

러든 그 디자인의 일부를 그대로 유지해야 한다.

두 번째는 기존 브랜드 디자인에서 제거해야 할 요소를 찾는 것이다. 기존 브랜드 디자인에서 부정적인 요소, 즉 형태나 컬러 등에 문제점이 있다면 과감하게 제거해야 한다. 세 번째는 기존 브랜드 디자인에 더해 새로움을 추가하는 것이다. 부정적인 기업의 이미지를 쇄신하거나 올드한 이미지를 쇄신하려는 목적이라면 브랜드 디자인에 새로운 요소를 추가할 필요가 있다. 또 기업의 사업 영역 확장으로 인해 기존 브랜드 디자인이 제한적인 이미지를 나타낼 때에도 리뉴얼할 필요가 있다.

대표적으로 매일유업의 CI 리뉴얼 사례를 들 수 있다. 매일유업의 기존 브랜드 디자인은 워드 마크 형태였다. 유업회사로서의 이미지를 전달하는 데 한계가 있다고 판단한 매일유업은 브랜드 디자인을 리뉴얼하기로 했다. 새로운 CI에는 우유를 컵에 따랐을 때 번지는 모습의 심볼을 넣어서 유업 전문회사로서의 이미지를 전달할 수 있었다. 매일유업은 사업의 확장을 계기로 또다시 CI를 리뉴얼했다. 단순 유업회사를 넘어 사업 영역을 폴 바셋 카페 사업 및 음식점 사업 등으로 확장하면서 식문화 전문기업에 어울리는 새로운 심볼 형태가 필요했다. 그 결과 매일유업의 핵심 가치인 창의·소통·열정·상생을 전달하기 위해 보타이 모양의 브랜드 디자인을 개발했다.

또 하나의 리뉴얼 사례로 대상의 청정원이 있다. 청정원은 대상 기업의 식품 브랜드를 아우르는 패밀리 브랜드다. 청정원은 두 차례 리뉴얼을 진행했다. 한 번은 점진적 리뉴얼(약간의 변형)을, 또 한 번은 급진적 리뉴얼(완전한 변형)이었다.

1996년에 런칭한 청정원의 BI $_{Brand\ Identity}$는 핵심 아이덴티티인 '정성'을 심볼로 표현한 형태다. 2007년에는 핵심 아이덴티티가 '건강'으로 바뀌면서 기존 심볼 형태에서 점진적 리뉴얼을 실행했다. 2014년에는 소비자 조사를 통해 자신들의 브랜드가 소비자들의 인식 속에서 노후화되고 있음을 감지하고 고객들의 공감을 얻기 위해 제2의 리뉴얼을 실행했다. 기존 디자인의 형태를 벗어나 전혀 다른 시각으로 접근한 것이다.

먼저 시장 분석 및 3C $_{Company,\ Customer,\ Competitor}$ 분석을 통해 '건강한 맛'이라는 브랜드 콘셉트를 구축했다. 또한 식품 전문가라는 아이덴티티를 전달하기 위해 '연결$_{Connecting}$', '배려$_{Caring}$', '창의$_{Creative}$'를 상징하는 알파벳 C를 확장시켜 원의 형태를 이루는 형상을 만들고, 제품 하나하나에 완벽함을 추구한다는 의미를 담은 심볼 마크로 급진적인 리뉴얼을 단행했다.

청정원의 새로운 BI는 단순한 심볼 마크의 변화에 그치지 않고 브랜드 디자인 체계 전반을 새롭게 정립했을 뿐만 아니라 남다른 플렉서블$_{flexible}$ 아이덴티티*를 통한 제품군을 표현했고, 패키지 디자인에도 적용해 매우 긍정적인 반응을 얻었다.

BI 리뉴얼 이후 청정원은 추석을 맞이해 추석 선물을 구매하고자

● 브랜드가 지니고 있는 핵심적인 차별성에 대한 일관성을 유지하면서 변화하는 환경에 적응하고 지속적으로 새로움을 추가할 뿐만 아니라 유연하면서 역동적인 브랜드 아이덴티티.

하는 고객들에게 큰 호응을 얻어 전년도 추석 명절 대비 많은 매출을 올렸다. 시대의 흐름에 따라 리뉴얼이 왜 필요한지를, 왜 브랜드 디자인의 차별화가 중요한지를 잘 보여준 사례다.

글로컬라이제이션 브랜드 디자인

글로컬라이제이션 Glocalization 브랜드 디자인의 대표적인 성공 사례는 '써브웨이 Subway'다. 해외 진출을 위한 브랜드 전략에는 크게 글로벌 브랜드 전략과 현지화 브랜드 전략이 있다. 글로벌 브랜드 전략은 해외에 진출할 때 동일한 브랜드로 동일한 전략을 활용하는 것을 의미한다. 반면 현지화 브랜드 전략은 현지 실정에 맞게 브랜드를 개발하거나 현지 문화에 적합한 전략을 활용하는 것을 의미한다. 예를 들어 삼성전자의 휴대전화 브랜드인 애니콜 Anycall의 경우 북미에서는 '콜걸'이라는 부정적인 연상 작용을 피하기 위해 기업명과 동일한 삼성 Samsung으로 브랜드 이름을 바꾸어 수출했다.

글로컬라이제이션은 글로벌 Global과 현지화 Localization의 합성어로 글로벌 브랜드를 유지하면서도 진출하고자 하는 국가나 지역에 어울리게 적용하는 것을 말한다. 아랍에미레이트 두바이로 여행을 갔다가 글로컬라이제이션의 대표적인 사례를 본 적이 있다. 대부분 두바이에 진출한 글로벌 브랜드들은 왼쪽에는 영어, 오른쪽에는 아랍어로 브랜드를 각각 적어두고 있었다. 그중 써브웨이 샌드위치 브랜드는 한층 더 현지화

두바이의 배스킨라빈스 매장과 써브웨이 매장.

된 방식을 택하고 있었다. 다른 브랜드들처럼 왼쪽엔 영어, 오른쪽엔 아랍어로 브랜드를 표시하되 기존 사용하고 있는 브랜드 디자인과 최대한 유사하게 아랍어를 구성해 브랜드 디자인을 만든 것이다. 고객들이 공감할 수 있도록 자기다움을 잘 표현한 사례로 글로컬라이제이션 전략이 차별화를 이루는 데 왜 중요한지를 잘 설명해준다.

4

징글,
말없이 사람들을 중독시키는 법

브랜드 징글 *jingles*은 브랜드 아이덴티티 요소 중 청각적 요소로 쓰이는 음악적인 메시지다. 징글은 오로지 소리로만 브랜드를 알리는 역할을 하는 반면, CM *commercial message*송은 음에 가사를 덧붙여 확장시킨 음악적인 슬로건이라는 차이가 있다.

    시각적 요소는 1,000분의 180초 만에 인지되는 반면, 청각적 요소는 1,000분의 140초 만에 인지돼 기억에 오래도록 남는다는 연구 결과도 있다.[18] 그만큼 브랜드를 알리고 차별화시키는 데 소리의 역할, 즉 브랜드 징글의 역할은 매우 중요하다.

    대우건설의 푸르지오 아파트 브랜드는 징글을 활용해 브랜드를 잘 인지시킨 사례로 유명하다. 2003년 브랜드 런칭 당시 광고를 통해 전

징글	CM송
종근당 - 종소리 우루~ 사~ 푸르지오~ 하이마트로 가요~	새우깡 - 손이 가요 손이 가 새우깡에~ 부라보콘 - 12시에 만나요 부라보콘~ 버거킹 - Make it special, Make it Burger king

브랜드 징글과 CM송의 유형

파된 "푸르지오~"라는 징글은 사람들에게 쉽게 인지될 뿐만 아니라 누구나 따라 부를 수 있을 만큼 성공적이었다. 반면 경쟁 브랜드인 금호건설에서 만든 아파트 브랜드 어울림은 광고에서 "어"를 강조한 징글을 내세웠지만, 음이 높아 많은 사람이 따라 부를 수 없어 쉽게 인지되지 않았다.

마스터카드는 다르게 보는 눈으로 징글을 바라봤다. 2019년 2월 인쇄물에 시각적으로 표시되는 로고처럼 자신들만의 오리지널 로고 멜로디를 만들어 브랜드를 홍보하는 전략을 구축했다. 카드에 멜로디 로고를 장착해 고객이 매장에서 카드로 결제를 할 때면 자동으로 카드 단말기에서 마스터카드만의 멜로디가 흘러나오도록 만든 것이다. 이것이 마스터카드를 다른 경쟁 브랜드들과 차별화시키는 데 중요한 역할을 했다.

과자나 아이스크림 같은 먹거리 브랜드들은 가사를 담은 CM송을 활용해 브랜드를 인지시키는 커뮤니케이션 활동을 지속적으로 실행해왔다. 대표적인 사례로 국민 간식인 새우깡이 있다. 새우깡의 CM송인

카드에 멜로디 로고를 도입한 마스터 카드.

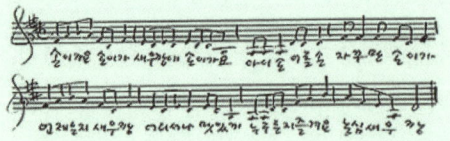

세대를 아우르는 사랑을 받는 새우깡의 CM송.

"손이 가요, 손이 가. 새우깡에 손이 가요~"라는 노래는 남녀노소 누구나 쉽게 따라 부를 수 있도록 음과 가사를 구성했다. 새우깡 CM송은 중국에 진출해서도 같은 음에 가사만 바꿔 전달됐다. 국내의 대표적인 과자인 새우깡이라는 브랜드를 인지시키고 차별화시키기 위한 커뮤니케이션으로 활용돼 인지도를 높이는 데 중요한 역할을 했다.[19] 그만큼 징글이나 CM송의 차별화를 통해 고객의 공감을 얻는 것은 매우 중요하다.

하지만 금호건설의 어울림 브랜드처럼 징글과 CM송을 만들었다고 해서 모든 브랜드가 차별화에 성공하는 것은 아니다. 삼성전자 하우젠이 만든 징글은 고객들이 부정적인 인식을 갖게 만들고 심지어 외면하게 만들었다. 낮은 목소리의 여성이 "살균 세탁 하셨나요? 하우젠~"이라는 징글을 전달하자, 마치 귀신 소리와 비슷하다는 부정적인 반응을 불러일으켰다. 이로 인해 하우젠의 징글은 오래가지 못했다.[20] 차별화시키지 못하고 차별로 끝났다.

차별화된 CM송을 활용해 브랜드 인지와 매출 향상에 도움이 된 사례로 대웅제약에서 내놓은 간 기능 개선제 우루사의 '간 때문이야' CM송이 있다. 축구선수 차두리를 모델로 활용한 우루사의 CM송은 "간 때문이야~ 피로는 간 때문이야~"라는 반복되는 가사로 브랜드를 인지시키는 데 일조했다. 또한 어린아이부터 어른들까지 쉽게 따라 부를 뿐만 아니라, 엄마나 아빠가 피곤하다고 하면 아이들이 권하는 자양 강장제 브랜드로 자리 잡아 매출 향상에 기여했다.[21]

브랜드 징글의 또 다른 사례로 S-OIL(에쓰-오일)이 있다. 정유사 브랜드 중 가장 인지도가 낮았던 에쓰-오일은 2006년부터 "에쓰-오일이니까~"라는 징글을 일관성 있게 활용해 브랜드 인지도를 높여왔다. 초기에는 브랜드를 알리는 징글("에쓰-오일이니까~")을 활용하다가 나중에 다른 가사("좋은 기름이니까~")로 바꾸어 커뮤니케이션했다. 이후에는 아예 가사를 빼고 소리로만 커뮤니케이션하는 등 징글의 체계적인 커뮤니케이션을 통해 브랜드 인지도를 높였다. 즉 세부적인 요소들은 교체를 하면서도 징글의 일관성을 유지하는 커뮤니케이션을 통해 브랜드 차별화를 성공적으로 이루었다.[22]

2019년 상반기에 등장한 브랜드 징글 중 생명보험인 AIA생명의 바이탈리티 앱을 알리는 징글이 주목을 받았다. 'AIA 바이탈리티'와 SK텔레콤의 'T건강습관' 서비스를 결합한 컬래버레이션 앱인 'AIA Vitality × T건강습관'은 자신의 건강 상태를 확인하고 주간 운동 미션을 달성하면 적절한 리워드를 제공하는 AIA 생명의 웰니스 프로그램이다. 서비스를 알리기 위한 광고에는 배우 성동일이 등장해 "에이아이에이 바이탈리티~"라는 독특한 음의 징글을 반복적으로 전달해 브랜드를 쉽게 인지하도록 만들어줬다. 보험회사 관련 브랜드들이 징글이나 CM송을 활용해 브랜드를 커뮤니케이션하는 경우가 많지 않다 보니 AIA생명의 징글은 브랜드를 인지시키고 차별화시키는 데 중요한 역할을 했다.[23]

영어 학습 업체인 시원스쿨도 브랜드 징글을 활용해 자신들의 브랜드를 차별화시키고 인지도를 높인 사례로 독보적이다. 강호동, 유재석 등 유명 연예인을 내세우고 "영어가 안 되면 시원스쿨 닷컴!"이라는 가사와 음을 반복하는 징글을 활용해 지속적으로 커뮤니케이션함으로써 브랜드를 소비자들에게 강하게 인지시켰다.[24] 브랜드 징글 또는 CM송이 고객의 공감을 얻는 데 어떤 역할을 하는지를 잘 보여주는 사례들이다.

5

슬로건,
묵직하고
위트 있는
한 방의 메시지

슬로건*slogan*은 브랜드에 대한 서술형 정보를 전달하는 짧은 문구다. 소비자들에게 브랜드의 의미나 의미하는 방향을 제시하는 역할을 한다. 광고에 드러나기 때문에 마케팅 활동이나 패키지에서도 중요하고 자기다움을 표현하며 브랜드를 차별화시키는 데 중요한 역할을 한다.

슬로건도 흐른다

"우리가 어떤 민족입니까?"라는 문장을 보면 떠오르는 브랜드가 하나 있을 것이다. 바로 '배달의 민족'이다. 처음 배달의 민족이 등장했을 때의 광고에서 이 슬로건은 브랜드를 인지시키고 차별화시키는 데 중요한 역할을 했다. 배달의 민족 본사 건물 외관에 붙어 있는 "우리가 어떤 민족입니까?"라는 슬로건만 봐도 어떤 브랜드인지를 쉽게 알 수 있다. 이처럼 슬로건은 브랜드 네임을 뒷받침해주는 핵심 도구다.

많은 식품 브랜드가 소비자들에게 슬로건을 인지시키려고 노력한다. 타깃층에 브랜드의 슬로건을 잘 인지시킨 브랜드를 꼽으라면 단연 풀무원이 언급된다. 소비자들에게 '풀무원' 하면 떠오르는 단어나 문구가 무엇인지 물으면 곧바로 '바른 먹거리'라고 대답하는 경우가 많다. 그만큼 슬로건은 브랜드 아이덴티티와 브랜드 이미지를 일치시키는 데 중요한 역할을 하며 자기다움을 명확히 전달한다.

SK텔레텍의 휴대전화 브랜드였던 스카이SKY의 브랜드 슬로건은 "It's different"였다. 이 슬로건은 당시 휴대전화 시장에서 후발주자였던 스카이 브랜드를 차별화시키는 데 중요한 역할을 했다. 스카이 휴대전화는 경쟁사 대비 고가격 정책을 통해 제품을 차별화시켰고 국내 최초로 슬라이드폰을 도입해 디자인적으로 차별화를 이루었다. 이런 점에서 "It's different"는 스카이 휴대전화만의 특성을 잘 표현해주는 직질한 슬로건이었다. 그러나 이후 팬텍에 인수되면서 고가 정책도 사라지고 경쟁사 대비 디자인의 차별성도 크지 않아 슬로건의 의미가 퇴색돼버렸다. 이후 "Must Have"에서 다시 "Got a fever" 등 다양한 슬로건으로 바뀌었지만, 이미 스카이라는 브랜드는 점점 사람들의 뇌리에서 사라지고 난 뒤였다.

슬로건은 브랜드 네임처럼 한 번 정해지고 나면 결코 바꿀 수 없는 브랜드 요소는 아니다. 브랜드의 이미지 포지셔닝이 바뀌거나 시대가 변화할 때마다 적합한 슬로건으로 대체할 필요가 있다. 예를 들어 생명보험사들은 한때 'life'라는 단어를 슬로건에 많이 활용했다. 하지만 시대의 흐름에 따라 최근 생명보험사들은 'life' 대신 감성적인 표현을 슬로건에 사용하는 경우가 늘고 있다. 삼성생명은 'a partner for life'처럼 생명을 연상시키는 슬로건이었지만, 최근에는 브랜드 차별화를 위해 '사람사랑'이라는 감성적 표현의 슬로건 형태로 바뀌었다.

또 슬로건은 유형별로 크게 기능적 슬로건과 상징적 슬로건으로 나눌 수 있다. 기능적 슬로건은 제품이나 서비스의 특징을 직관적으로 표현하는 것을 말하고, 상징적 슬로건은 제품이나 서비스의 특징을 간접적으로 표현하는 것을 말한다. 예를 들어 편의점 브랜드인 GS25와 이마트24의 슬로건을 비교해보자. GS25의 '가까운 행복을 만나다'는 상징적 슬로건이고, 이마트24의 '새로운 라이프 스타일 편의점'은 기능적 슬로건이다. 한편 GS25는 2019년 3월부터 'Lifestyle Platform'이라는 새로운 슬로건을 내세우며 브랜드의 이미지를 전반적으로 바꾸고 있다. 이 과정에서 슬로건도 상징적인 것에서 기능적인 것으로 바뀌었다.

고객의 만족을 얻는 슬로건을 만들려면

상징적 슬로건과 기능적 슬로건의 두 가지 형태를 모두 활용했던 사례로 인터파크를 들 수 있다. 2004년 인터파크는 CI를 변경하고 '싸니까 믿으니까 인터파크니까'라는 기능적 슬로건을 만들었다. 당시 인터넷 쇼핑몰들 사이에서 최고의 이슈는 오프라인 대비 온라인이 싸다는 것이었다. 그런데 소비자들의 마음속에서 온라인 쇼핑몰은 제품을 직접 만질 수 없으니 믿을 수 없다는 이미지가 강했다. 즉 신뢰성이 높지 않다는 약점이 있었다. 다르게 보는 눈으로 약점을 파악한 인터파크에서 경쟁자들과의 차별화를 위해 만든 슬로건이 바로 '싸니까 믿으니까 인터파크니까'였다.

이후 고객들 사이에서는 인터파크가 싸면서도 믿을 수 있는 인터넷 쇼핑몰로 인지되면서 매출이 증가하는 등 매우 긍정적인 반응이 나왔다. 그러다 시간이 흘러 또다시 CI 로고가 긍정적이지 않다는 평가가 나오면서 한 번 더 CI를 리뉴얼했다. 이 당시 CI 로고가 변경되면서 'Shopper's Heaven(쇼퍼들의 천국)'이라는 상징적 슬로건으로 함께 바뀌었지만, 오히려 매출 감소 현상을 겪었다. 고객들 입장에서는 'Shopper's Heaven'이라는 상징적 슬로건보다는 '싸니까 믿으니까 인터파크니까'처럼 기능적 슬로건의 형태를 더 선호했던 것이다. 결국 인터파크는 원래의 슬로건으로 되돌아가는 결정을 내렸다. 인터파크의 사례를 통해 볼 때 슬로건의 차별화를 위해서는 시장에 대한 이해가 필요하다. 더 나아가 고객의 공감을 얻을 수 있는 슬로건이 어떤 형태인지 이해하고 접근해야 한다.

특히 영문 슬로건을 개발할 때에는 영어의 디테일한 부분에 대해 외국인들이 갖는 이미지를 고려해야 한다. 한 예로 한화생명(구 대한생명)

CI 로고를 리뉴얼한 인터파크.

단어의 배열만으로 브랜드 의미를 설명한 애니콜의 슬로건.

의 슬로건인 'Change the life'를 들 수 있다. 이 영문을 우리의 입장에서 보면 '삶을 바꿔라' 정도로 옮길 수 있다. 하지만 외국인들이 이 문구를 보고 연상하는 이미지를 조사해본 결과는 의외였다. '삶을 바꿔라'라는 의미에서 누구의 삶을 바꾸라는 것인지가 불분명한 것이 이유였다. 문법적으로 소유격의 표현이 없었기 때문이다. 이러한 분석에 따라 한화생명은 소유격이 들어간 'Love your life, Love your dream'으로 슬로건을 다시 바꾸었다. 우리말이 아닌 외국어로 슬로건을 만들 때 반드시 기억해야 할 부분이다. 만약 영문 브랜드 슬로건을 개발하려 한다면, 원어민들에게 연상되는 이미지를 꼭 확인하길 권한다.

    슬로건을 구성하는 형태도 많은 영향을 미친다. 슬로건은 보통 문구형 또는 문장형으로 만들어지는 편인데, 단어의 배열만으로 의미를 강조하는 형태도 등장했다. 삼성전자의 휴대전화 브랜드였던 애니콜의 슬로건은 'Digital Exciting Anycall'이라는 문구형이었다. 이후 기존 경쟁 브랜드들과의 차별화를 위해 자신들의 브랜드로 누릴 수 있는 혜택이나 가치를 표현하는 단어를 내세워 새로운 슬로건을 만늘어냈다. 독특한 퍼즐 형태의 디자인과 함께 'Talk, Play, Love'라는 단어만을 배치했다. 단어 세 개를 단순히 나열하는 슬로건을 쓰지 말라는 법은 없다. 물론 애니콜의 새로운 슬로건은 일반적인 경쟁사들의 슬로건과는 다른 차별성을 띠는 의미 있는 슬로건으로 자리 잡았다.

6

캐릭터,
아이부터 어른까지 모두 사로잡아라

캐릭터Character는 사람이나 살아 있는 생명체 또는 가상의 동물이나 사물 등으로 나타내는 브랜드 심볼의 특별한 종류다. 브랜드의 연상 작용을 일으키는 브랜드 아이덴티티 요소 중 하나이기도 하다. 주로 연속적인 광고 캠페인이나 패키지 디자인에서 브랜드를 알리고 자기다움으로 차별화시키는 데 중요한 역할을 한다. 캐릭터를 적극적으로 활용하고 있는 분야는 식품 브랜드다. 펩시콜라의 펩시맨, 맥도날드의 로날드, KFC의 커널 샌더스 할아버지와 같은 캐릭터가 대표적이다.

최근 들어 캐릭터를 활용한 브랜드 굿즈goods가 인기를 끌면서 브랜드 캐릭터의 역할이 더욱 중요해지고 있다. 자기다움을 표현할 수 있는 디테일 요소들을 적극적으로 활용할 필요가 있다. 또 과거에는 캐릭터의 타깃이 단순히 아이들에 국한돼 있었지만 아이의 감수성을 지닌 성인을 의미하는 키덜트kidult족이 증가하면서 타깃층 또한 넓어지고 있다.

미쉐린의 비벤덤

브랜드 캐릭터가 시대나 타깃에 따라 변하는 대표적인 사례 중 하나로 미쉐린Michelin 타이어의 '비벤덤Bibendum'이라는 캐릭터가 있다. 기존 캐릭터는 미이라의 모습을 하고 있어서 아이들이 무서워했다. 캐릭터에 대해 다르게 보는 눈이 필요했다. 이후 캐릭터 리뉴얼을 통해 아이들과의 친숙성을 높일 수 있는 동글동글한 인형의 모습으로 발전했고 비벤덤만을 위한 박물관을 개관해 아이들이 비벤덤 캐릭터와 놀 수 있는 공간을 마련했다.

아이들은 미래에 성인이 될 것이고 자동차를 구매할 것이다. 또 타이어를 교체해야 할 것이다. 이때 어린 시절 친숙하게 접했던 캐릭터인 비벤덤을 통해 가장 먼저 미쉐린이라는 타이어 브랜드를 떠올릴 것이다. 이처럼 캐릭터는 소비자들이 브랜드를 자연스럽게 연상하게 만드는 역할을 한다.

KFC의 커널 샌더스

미쉐린의 캐릭터 비벤덤처럼 캐릭터의 모습이 브랜드 구매에 영

무서운 미이라에서 귀여운 캐릭터로 변모한 미쉐린 비벤덤.

살찐 모습을 연상시킨다는 지적에 살짝 모습을 바꾼 KFC 커널 샌더스.

향을 미치는 또 하나의 사례로 KFC의 캐릭터가 있다. KFC의 '커널 샌더스*Colonel Sanders* 할아버지'는 치킨을 잘 튀기는 기술을 살려 다른 업체에 납품만 하다가 65세에 처음으로 '켄터키 후라이드 치킨'이라는 매장을 오픈했다. 당시에 가게가 잘 운영되자 점차 여러 곳에 매장을 오픈했고 매장 앞에 샌더스 할아버지의 캐릭터 인형을 설치했다.

그런데 잘나가던 KFC에 생각지도 못한 일이 벌어졌다. 매장의 매출이 줄어들기 시작한 것이다. 그 이유를 살펴보니 매장 앞에 있는 할아버지 캐릭터 인형이 문제였다. 살찐 할아버지 캐릭터의 얼굴을 본 부모들이 아이들에게 그곳의 치킨을 먹이지 말아야겠다고 생각했던 것이다. 매출이 줄기 시작한 이유를 알게 된 KFC는 캐릭터 디자인을 리뉴얼해 할아버지의 얼굴을 살짝 바꿔 다시 설치했다. 그러자 다시 매출이 오르기 시작했다. 브랜드 캐릭터의 형태가 브랜드 구매에 실질적인 영향을 미칠 수 있다는 것을 잘 보여준 사례다.

에쓰-오일의 구도일

국내 정유사 중 캐릭터를 활용해 브랜드 인지도와 친숙도를 높인 회사가 있다. 바로 에쓰-오일. '구도일'은 '굿*Good*+오일*Oil*'을 합성한 이름이다. 2012년에 처음 구도일이라는 캐릭터가 소개될 당시에는 정유사에서 캐릭터를 활용했을 때 어느 정도 효과가 있을지에 대한 의문도 있었지만, 에쓰-오일의 구도일 캐릭터는 브랜드 차별화에 중요한 역할을 했다.

브랜드 차별화에 중요한 역할을 한 에쓰-오일의 구도일 캐릭터.

의료 광고의 제약을 뛰어넘은 365mc 비만클리닉의 '지방이'.

유명 연예인 모델을 활용한 광고의 한계를 느낀 에쓰-오일은 다르게 보는 눈으로 자신만의 지속적인 브랜드 자산 구축을 위해 브랜드 캐릭터를 고려했다. 캐릭터 마케팅은 타 정유사들에 비해 상대적으로 낮았던 브랜드 인지도를 끌어올리는 데 큰 역할을 했다. 현재는 본사 1층에 구도일을 활용한 쿠션과 골프공 등 다양한 상품을 판매하고 있는 '구도일 랜드 1호점'을 오픈했으며, 강원도 홍천에 구도일 가족을 테마로 한 구도일 파크 골프장까지 개장했다.

365mc의 지방이

브랜드 캐릭터의 차별화 성공 사례로 365mc 비만클리닉의 '지방이' 캐릭터도 대표적이다. 기존 의료 광고의 식상한 접근법에서 벗어나 지방을 작고 귀여운 캐릭터로 의인화함으로써 2012년 대한민국광고대상 비 TV부문 동상과 서울영상광고제 비 TV부문 은상을 수상하기도 했다. 지방이 캐릭터는 의료 광고의 제약을 뛰어넘어 새로운 방향성을 제시했다는 평가도 받는다.

지방이를 활용한 인형, 석고 방향제, 스마트폰 케이스와 같은 각종 캐릭터 상품들이 쏟아져 나왔고, 그런 덕분에 지방 흡입 시술은 365mc 비만클리닉이라는 연상 효과를 가져왔다. 지방이 캐릭터 또한 브랜드 캐릭터가 경쟁사 대비 브랜드 차별화에 얼마나 중요한 역할을 할 수 있는지를 보여준 사례다.

7

패키징, '푸른색 오렌지'가 선택받을 수 있을까?

브랜드 패키징 packaging은 브랜드를 나타내고 서술적 정보를 전달하며, 상품 보호 기능 및 가정에서의 저장 기능을 도와주고 제품의 소비를 촉진시키는 역할을 한다. 또한 다양한 제품이 쌓여 있는 선반 위에서 소비자들을 향한 호소력을 지니는 수단이 되어 구매 시점에서 경쟁사보다 일시적인 우위를 제공하는 역할을 한다. '보기 좋은 떡이 먹기 좋다'라는 속담을 생각해보면 겉으로 드러나 보이는 디자인이 왜 중요한지를 선인들도 알고 있었던 것이라 생각된다.

그동안 마케팅에서는 4P 믹스 전략, 즉 제품 Product, 가격 Price, 유통 Place, 촉진 Promotion에 주목했지만, 최근에는 패키징을 또 하나의 P로 추가해 5P 믹스 전략을 강조하고 있다. 다른 무엇보다 구매 시점에서 호소력을 가질 만큼 패키지가 매우 중요한 역할을 하기 때문이다. 따라서 패키지 디자인을 할 때 정보를 잘 전달하는 것도 중요하지만 경쟁사와 비교해서 어떻게 자기다움으로 차별화시킬 수 있는지를 고려해야 한다.

패키징의 비밀

마케팅과 광고 전문 회사인 벡위드 파트너스의 대표인 해리 벡위드Harry Beckwith가 쓴 《보이지 않는 손길》에는 오렌지 껍질에 관한 이야기가 나온다. 보통 오렌지가 숙성되면 껍질의 색은 푸르스름해지지만, 농약을 통해 우리에게 친숙한 오렌지색으로 바뀐다고 한다. 소비자의 입장에서 푸르스름한 오렌지와 우리가 이미 알고 있는 오렌지색의 오렌지 중 어떤 것을 선택할지를 생각해보면 눈에 보이는 패키지가 얼마나 중요한지를 알 수 있다.

패키지 디자인의 시각성도 중요하지만 편리성도 무시할 수 없다. 개인적으로 섬유유연제는 '피죤'이라는 인식을 가지고 있었기 때문에 주로 피죤을 구매해서 사용했다. 그러던 어느 날, 지출 비용을 아껴야겠다는 생각에 리필용 피죤을 구매했다. 집에 돌아와 가위로 리필용 포장의 주입구를 자르고 기존 용기에 피죤을 넣다가 그만 내용물이 용기 바깥으로 흘러버렸다. 리필용 제품이 아무리 저렴해도 불편함을 감당하면서까지 쓰고 싶지 않다는 생각에 이후부터는 리필용 제품을 구매하지 않고 완제품을 구매하기로 마음먹었다.

그러고 나서 얼마 후 다시 마트에 가니 처음 보는 섬유유연제가 눈에 들어왔다. '쉐리'라는 브랜드였다. 마치 그 브랜드가 자신에게 오라고 손짓하는 듯한 기분이 들었는데, 알고 보니 내가 리필용 제품을 사용하는 과정에서 느꼈던 불편함을 해결해주는 패키지였던 것이다. 리필용 포장에 손으로 쉽게 돌려 딸 수 있는 작은 스크루 마개가 달려 있어 옆으로 새는 것을 방지하는 패키지 디자인이었다.

결국 나는 피죤을 버리고 쉐리를 구매했다. 나중에 시간이 지나 마트를 찾아갔을 때에는 피죤도 새로운 리필용 패키지를 선보이고 있었다. 마개는 물론 손잡이까지 달아서 리필용 제품을 기존 용기에 부을 때 느껴지는 불편함을 대폭 개선시킨 새로운 패키지 디자인으로 거듭나 있었다. 소비자가 선택을 잘못했어도 손해의 정도가 적은 저관여 제품의 경우에 소비자가 누릴 수 있는 편리성과 같은 혜택을 개선하는 패키지 디자인만으로도 충분히 브랜드 차별화를 이룰 수 있다는 것을 잘 보여준 사례다.

빙그레 바나나맛 우유와 블랙멜론 빵

패키지가 소비자들의 뇌리에 얼마나 깊게 박혀 있는지를 잘 보여주는 사례가 있다. 국내 유제품 음료 브랜드 중 패키지 디자인만으로 소비자들의 마음속에 독보적인 위치를 차지하고 있는 브랜드는 단연 빙그레의 '바나나맛 우유'다. 1974년에 출시된 빙그레 '단지 우유'는 1970년

대 정부의 낙농업 육성을 위한 우유 소비 장려 정책에 힘입어 개발됐다. 지금은 바나나를 부담 없이 먹을 수 있는 저렴한 과일로 받아들이지만, 당시에는 고급 수입과일의 대명사였다. 가격도 비싸고 희귀한 만큼 어린이들이 가장 먹고 싶어 하는 과일이라는 점에 착안해 제품화한 것이다.

무엇보다 기존 우유 제품은 주로 유리병이나 종이팩에 담아 팔았지만 빙그레 바나나맛 우유는 단지 모양의 플라스틱 병에 담아 경쟁자들의 패키지와는 차별성을 지녔다. 항아리 모양의 용기 디자인은 고향을 떠올리게 만드는 바나나맛 우유만의 디자인 요소다. 일부 사람들은 손에 쥐기 힘들고 보관이 불편하다는 이유로 반대하기도 했지만, 독특한 용기 모양으로 인해 '단지 우유(뚱바)'라는 애칭으로 불리며 지금도 하루 평균 80만 개 이상, 연 2억 5만 개 이상 팔리고 있다.

이후 경쟁사인 매일유업에서는 '바나나는 원래 하얗다'라는 브랜드 네임으로 바나나 색 논쟁을 벌이며 소비자의 인식을 바꾸려 했지만 빙그레 바나나맛 우유의 아성을 깨지는 못했다. 개인적으로는 빙그레 바나나맛 우유의 패키지 디자인의 편리성은 조금 떨어져 보인다. 뚜껑에 빨대를 한번 꽂으면 끝까지 마셔야 한다는 단점도 있다. 반면 경쟁 브랜드인 '바나나는 원래 하얗다'의 패키지 디자인은 스크루 방식의 마개가 있어 보관이 가능하다는 강점이 있다. 그럼에도 불구하고 빙그레 바나나맛 우유가 시장에서 1위의 자리를 굳건히 지킬 수 있었던 데는 맛뿐만 아니라 단지 형태의 패키지 디자인의 역할이 중요했다고 볼 수 있다.

제품이나 서비스의 특징을 전달하기 위한 패키지 디자인의 역할

독특한 용기 모양으로 '단지 우유'로 불리는 바나나맛 우유.

내용물을 꺼내면 머리카락이 다 빠져나오는 듯한 효과를 주는 일본의 블랙멜론 빵.

은 매우 중요하다. 제품 패키지를 비롯해 디테일한 요소들을 적용한 부가적인 패키지들도 한몫한다. 터키의 스포츠 웨어 브랜드인 'YKM'은 스포츠 브랜드라는 특징을 전이하기 위해 쇼핑백을 활용했다. 줄넘기를 연상시키는 디자인을 쇼핑백에 적용한 것이다. 자신들의 서비스 가치가 무엇인지, 자신들의 주요 타깃층이 누구인지를 정확히 파악해 소비자들의 기대 가치를 충족시키는 브랜드 이미지를 전파할 때 보다 효과적인 광고 효과를 기대할 수 있다.

일본의 블랙멜론 빵은 패키지 디자인을 통해 적은 비용으로 광고 효과를 극대화할 수 있다는 것을 보여준 대표적인 사례다. 패키지는 둥글게 펌을 한 머리의 캐릭터로 이루어져 있는데, 일본 만화 속 주인공이라고 한다. 블랙멜론 빵을 꺼낼 때마다 머리카락들이 다 빠져나오는 듯한 효과로 고객들에게 흥미를 유발시키고자 했다. 빵의 색과 모양을 패키지와 절묘하게 조화시켜서 아이들이 제품에 대한 관심을 갖게 함으로써 구매 욕구를 자극했다.

보졸레 누보 와인 병과 하인즈 케첩 병

언젠가 와인 코너에서 패키지 디자인의 중요성에 대해 생각해본 적이 있다. 과연 와인 병을 다시 활용할 수 있는지에 대해 평소 궁금증을 갖고 있었는데, 보졸레 누보 와인 병이 나의 궁금증을 단번에 해결해주었다. 기존 와인 병들은 보통 코르크 마개로 마감돼 있어 재활용을 할 때

병을 재활용할 수 있게 만든 보졸레 누보 와인.

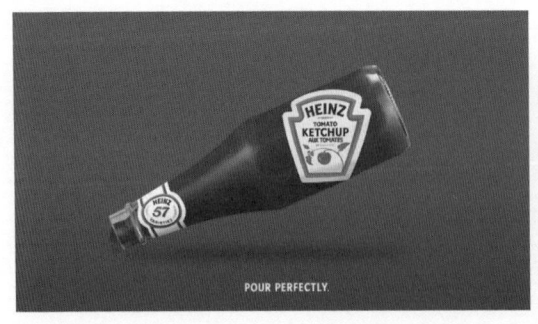
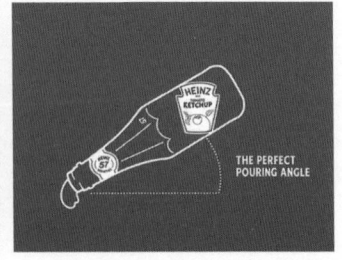

'완벽하게 따를 수 있는 각도'를 직관적으로 보여주는 하인즈 케첩 패키지.

다시 병입구를 막는 것이 문제였다. 또 스크루 방식의 와인 병도 내구성 면에서 그리 좋지 않았다. 반면 보졸레 누보 와인 병은 다 마시고 나면 물병으로 재사용할 수 있도록 스윙 탑 형태의 뚜껑이 별도로 달려 있었다. 마시다 남은 와인을 보관하기 편리할 뿐만 아니라 재활용도 가능하다는 장점이 있다. 와인 병을 재활용할 사람이라면 구매를 지체할 수 없는 패키지 디자인이었다. 이처럼 패키지 디자인으로 단순히 시각적인 아름다움뿐만 아니라 편리성까지 전이할 수 있어야 브랜드 차별화에 기여할 수 있다.

 제품의 라벨 디자인을 활용해 차별화에 성공한 사례도 있다. 하인즈 캐나다는 하인즈 브랜드 런칭 150주년을 맞이해 하인즈 케첩*Heinz Ketchup* 패키지의 로고 라벨을 비스듬하게 부착한 한정판 패키지를 출시했다. 패키지의 이름은 '완벽하게 따를 수 있는 병*The Pour-Perfect Bottle*'이다. 해외에서는 하인즈 케첩 제품의 용기를 병으로 출시하는 경우가 많다. 플라스틱으로 만든 용기가 아닐 경우 케첩을 뿌릴 때 내용물이 음식 바깥으로 튀는 경우가 많다. 생산자 입장에서는 패키지를 다르게 보는 눈이 필요했다. 연구 끝에 케첩을 음식에 잘 뿌릴 수 있는 각도를 찾아냈고, 용기를 그 각도에 맞게 기울이면 라벨이 똑바로 보이도록 패키지를 바꾼 것이다. 즉 소비자들이 케첩을 '완벽하게 따를 수 있는 각도*The perfect pouring angle*'를 직관적으로 알 수 있도록 패키지를 바꾸었다.

 비스듬한 각도로 라벨이 붙은 하인즈 케첩을 매장에서 처음 본 사람이라면 불량품이라고 생각할 수 있다. 하지만, 그 라벨이 케첩을 적당

본드 No.9 향수병.

하와이라는 자기다움으로 차별화한
오션 오가닉 보드카.

히 따를 수 있는 데 도움이 된다는 것을 경험한 고객들은 제품 경험을 통해 재미를 느끼고 패키지 라벨에 공감할 수 있었다. 소비자의 경험이 브랜드 차별화에 중요한 영향을 미칠 수 있는 중요한 요소라는 것을 잘 보여준 사례다. 또한 가장 완벽하게 하인즈 케첩을 먹을 수 있는 방법을 고객들에게 알려준 독특하고 재미있는 패키지 라벨 디자인이 브랜드 차별화에 중요한 영향을 미칠 수 있다는 것을 보여준 사례다.

본드 넘버 나인과 오션 오가닉 보드카

미국 하와이의 삭스 피프스 애비뉴 Saks Fifth Avenue 백화점에 갔을 때 '본드 넘버 나인 Bond No.9' 향수병을 봤다. 본드 넘버 나인은 30개 이상의 다양한 디자인을 적용한 패키지 콜렉션으로 유명하며, 병 디자인에 따라 향수의 향도 제각각 다르다. 가격은 한화 25~30만 원 정도다. 흥미로운 것은 비싼 가격임에도 불구하고 소비자들이 30가지 이상의 독특한 향수병을 수집하기 위해 제품을 구매하는 경우가 많다는 것이나. 향수라는 제품 본연의 가치 이외에 패키지 디자인이 어떤 역할을 할 수 있는지 잘 보여주는 사례다.

하와이 공항 면세점에서 '오션 오가닉 보드카 Ocean Organic Vodka'를 마시기 위한 목적이 아니라 소장을 위해 구매했다. 일반적인 술병과는 달리 둥근 형태의 병 모양 때문이다. 투명한 하늘색으로 만들어진 둥근 병의 디자인은 통신수단이 부족했던 시절에 바닷가 또는 섬에서 병에 편

대만 땅콩 패키지.

내용물을 잘 따를 수 있게 실용적으로 디자인한 스웨덴 주스 패키지.

지를 넣어 바다로 띄우던 데서 아이디어를 착안했다고 한다. 하와이라는 지리적 특성을 고려했을 때 오션 오가닉 보드카의 병은 하와이를 연상시키는 이미지를 비롯해 자기다움으로 다른 보드카 브랜드와 차별화시킬 수 있는 핵심을 잘 찾은 사례다.

대만 땅콩 패키지

국내에 출시된 농수산물 식품들의 패키지 디자인은 대부분 종이 박스 또는 비닐 포장이 많은 편이다. 심지어 수많은 브랜드들이 대동소이한 디자인을 쓰고 있다. 대만을 방문했을 때 성품서점(誠品書店)에서 구매한 땅콩 패키지 디자인은 땅콩 모양을 본떠 만든 독특한 종이 박스 형태여서 선물용으로도 인기를 끌고 있었다.

평소 땅콩을 선물한 적이 많지 않은 편인데, 성품서점에서 구매한 땅콩 패키지를 지인에게 선물해줬더니 반응이 매우 좋았다. 다르게 보는 눈을 활용해 기존 농수산물 패키지를 새롭게 디자인한 결과, 소비자들로부터도 만족도가 높았다고 한다.

스웨덴 주스 패키지

2014년 2월, 북유럽을 여행하던 중 스웨덴 스톡홀름의 한 마트에서 구입한 오렌지 주스의 패키지 디자인은 매우 실용적인 아이디어로 차별화를 꾀하고 있었다. 보통 주스팩은 패키지의 상단 한가운데에 입구와 뚜껑이 있어 음료가 갑자기 쏟아지거나 내용물이 남는 경우가 많다. 그런데 이 주스팩은 입구가 팩의 상단 가장자리에 바짝 붙어 있어 내용물이 잘 흐를 뿐만 아니라 팩에 남지 않도록 디자인돼 있었다. 특히 당시까지 국내에서 보지 못한 형태여서 눈에 더 들어왔다. 스칸디나비아 국가들의 디자인이 왜 실용적인지를 주스 패키지처럼 작은 제품 디자인을 통해서도 확인할 수 있었다. 최근에는 국내에도 스웨덴의 팩 형태와 비슷한 주스 패키지 디자인이 적용되고 있다.

미국 더치보이 페인트 통

미국의 페인트 회사인 '더치 보이 $Dutch\ Boy$'는 페인트 시장의 후발주자로서 선도자들보다 제품 면에서 뛰어나지 않았다. 더치 보이는 자신들의 한계를 극복하기 위해 페인트를 칠하는 과정을 연구했다. 페인트 통을 다르게 보는 눈이 필요했다. 기존 페인트 통들은 양철통으로 만들어져서 무게도 무겁고 따기도 어려웠다. 페인트를 쓰고 난 다음에는 쉽게 굳는 불편함까지 있었다. 더치보이는 제품의 무게를 고려해 패키지를 가벼운 플라스틱으로 만들었고, 스크루 마개를 달아 제품을 쉽게 개봉하고, 사용 후 남은 페인트가 쉽게 굳지 않게 했다. 패키지 디자인의 불편한 부분들을 효과적으로 수정한 차별화 덕분에 후발주자였던 더치 보이는 시장에서 성공할 수 있었다.

오뚜기 옛날 당면 패키지 리뉴얼

　이러한 성공 사례들을 종합해보면 패키지 디자인을 리뉴얼할 때도 앞서 브랜드 디자인을 리뉴얼할 때 고려했던 것처럼 유지해야 할 요소, 제거해야 할 요소, 강화해야(새로워야) 할 요소를 체크해야 한다. 오뚜기에서 출시한 옛날 당면은 기존 패키지 디자인이 너무 진부해 보인 탓에 세련된 느낌을 전달하기 위해 포장재의 배경색을 노란색에서 푸르스름한 색으로 바꾸었고, 디자인 또한 세련된 분위기로 바꾸었다. 그런데 패키지 디자인을 바꾸어도 이전만큼 판매가 이루어지지 않자 고객들을 상대로 소비자 조사를 실시했다.

　그 결과 소비자들은 패키지 디자인에 노란색이 없으면 오뚜기 옛날 당면으로 인식하지 못하는 반응을 보였다. 오뚜기로서는 리뉴얼을 통해 기존 패키지 디자인에서 긍정적인 요소 즉, 유지해야 할 요소를 확인하지 않고 제거해버린 셈이었다. 자신들의 문제점을 파악한 오뚜기 마케팅팀에서는 패키지 디자인을 원래의 노란색으로 바꾸기로 결정했고, 다시 매출이 오르는 것을 확인했다. 그만큼 패키지 디자인을 리뉴얼할 때에는 자신들이 유지해야 할 것, 제거해야 할 것, 강화해야 할 것을 잘 구분해서 적용해야 한다.

반무프의 자전거 패키지

　패키지 디자인의 또 다른 역할은 상품을 보호하는 기능이다. 최근

평면 TV 박스 모양으로 패키지를 바꾼 후 파손 사고율을 대폭 줄인 반무프 자전거.

에 네덜란드 자전거 제조업체인 반무프Vanmoof에서 패키지 디자인을 효과적으로 활용한 사례가 있어 소개하고자 한다. 반무프는 자신들의 자전거를 미국으로 배송하는 과정에서 제품이 파손되는 사고가 많이 일어나자 이를 줄이기 위한 방법을 강구했다. 그런데 유통과정에서 무슨 문제가 있는 것은 아닌지 조사하던 중 배송업체의 직원들이 자전거 패키지를 조심스럽게 다루지 않는 것을 발견했다. 심지어 3천 달러가 넘는 고가의 자전거를 망가뜨리는 경우도 발생해 손해가 매우 컸다.

　　반무프에서는 배송업체 직원들이 패키지를 조심스럽게 다루게 할 수 있는 방법을 고심했다. 그러다 문득 배송업체의 직원들이 고가의 평면 TV를 배송할 때 매우 조심스럽게 배송하는 사례를 접하고는 아이디어를 떠올렸다고 한다. 자전거의 포장 박스를 평면 TV의 박스처럼 디자인하기로 한 것이다. 마침 자전거를 포장한 박스도 평면 TV의 박스 모양과 크기 면에서 비슷했다. 자전거 박스의 패키지를 TV 박스 패키지처럼 바꾸자 배달 중 파손 사고율이 80%나 감소했다고 한다.[25] 이처럼 제품을 포장한 패키지 디자인의 이미지와 형태는 제품에 대한 가치를 너힐 뿐만 아니라 상품을 보호하는 역할을 한다.

8

컬러,
1킬로미터
밖에서도 보이는
브랜드

컬러는 브랜드의 시각적인 요소들 중 하나다. 컬러는 그 자체만으로도 제품의 이미지를 전달하고 제품을 인지하는 소비자 지각에 많은 영향을 미친다. 그만큼 브랜드의 컬러는 자기다움을 표현하고 브랜드를 차별화시키는 데 중요한 역할을 한다.

 브랜드 컬러를 선정할 때는 컬러 자체에서 연상되는 이미지를 우선적으로 고려해야 한다. 검정은 제품의 질과 우아함을, 빨강은 정열과 활동감을, 오렌지색은 따뜻함을 전달하는 수단으로 대중화돼 있다. 따라서 컬러 자체가 주는 이미지와 사업 또는 제품과의 적합성을 잘 따져봐야 하고, 경쟁자들과 비교했을 때에도 컬러 대비 차별성과 같은 요소들을 잘 고려해야 한다.

2000년대 초반 통신 산업에서 대부분의 기업들이 활용한 브랜드 컬러는 블루 계열이었다. 블루가 주는 안전함의 이미지를 소비자들에게 전이할 수 있다는 생각에서 비롯된 것이다. 그런데 이동통신사 중 KTF(지금의 KT)는 업계 처음으로 매장 밖 간판에 오렌지 컬러를 활용했다. 블루로 대변되던 통신회사의 차가운 이미지보다 오렌지의 따뜻함을 활용해 고객들에게 차별화된 메시지를 전달한다는 취지였다.

　특정 산업에서 많이 활용되는 컬러를 그대로 활용하기보다 다르게 보는 눈으로 자신만의 컬러를 활용해 차별화를 이루면 더 큰 의미를 부여할 수 있다. 코카콜라는 빨간색, 펩시콜라는 파란색을 떠올리는 것처럼 경쟁사와 뚜렷하게 구별되는 자신만의 브랜드 컬러를 갖는 것도 필요하다. 국내 정유사 네 곳의 컬러를 예로 살펴보면 이해하기 쉽다. GS칼텍스는 녹색 계열, 현대오일뱅크는 파란색 계열, 에쓰-오일은 노란색 계열, SK는 붉은색 계열을 활용해 각자 자신만의 브랜드 컬러로 차별화시키고 있다. 정유사들의 브랜드 컬러는 운전자들이 운전을 하다가도 멀리서 간판의 컬러만으로 어느 정유사 브랜드인지를 알 수 있기 때문에 브랜드를 인지시키는 데 중요한 역할을 한다.

소니 바이오와 LG전자 싸이언의 컬러
　자신들의 브랜드를 상징하는 새로운 컬러 네임을 만들어서 활용하는 경우도 늘고 있다. 소니가 출시했던 컴퓨터 브랜드 바이오(VAIO,

컬러로 제품별 타깃을 구분한 코카콜라 제품.

2014년 소니가 컴퓨터 부문을 분리 매각해서 지금은 바이오주식회사에서 생산하고 있으며, 소니는 일본 내 판매 및 이전 제품의 유지 보수만을 맡고 있다)는 각각의 컬러별 이름을 만들어 시장에서 브랜드 커뮤니케이션을 진행했다. 럭셔리 핑크, 퓨어 화이트, 블레이징 레드, 제트 블랙, 베리 퍼플, 누드 베이지, 노블 브라운 같은 컬러 네임을 개발해 각각의 컬러를 제품에 활용했다.

2007년, LG전자도 휴대전화 브랜드인 싸이언 *CYON*에 컬러홀릭 *Colorholic*이라는 제품 시리즈를 도입해 런칭했다. 바이탈 오렌지, 써니 오렌지, 프리지아 옐로, 캔디 핑크, 버블 핑크 등으로 컬러 자체에 새로운 이름을 부여했다. 오늘날에는 다양한 스마트폰 제조사에서 새로운 스마트폰을 출시할 때마다 어떤 컬러를 출시하고 컬러에 어떤 이름을 붙이는지도 소비자들이 관심을 갖는다. 그만큼 컬러가 브랜드 선택의 주요 관심사로 떠올랐다.

코카콜라 제로의 블랙 컬러

한편 컬러는 타깃을 구분하기 위해서도 활용된다. 대표적인 사례로는 코카콜라 제로를 들 수 있다. 2006년 4월에 국내에 시판된 코카콜라 '제로'는 설탕이 들어가지 않은 다이어트 코크 제품이다. 그런데 코카콜라 제로의 패키지는 코카콜라에서 기존에 사용하는 레드 컬러가 아닌 블랙 컬러를 활용했다. 여성을 겨냥한 다이어트 코크 제품으로는 이전에 '코카콜라 라이트'가 있었다. 이 제품의 패키지 컬러는 은색이었다. 반면

이탈리아 로마의 맥도날드 옥외 광고판과 로마 지하철 표지판.

코카콜라 제로는 남성용 다이어트 코크로 포지셔닝하기 위해 패키지 컬러로 검정색을 사용했다. 코카콜라의 마케팅 담당자에게 확인한 결과 제품별 타깃을 구분하기 위해 컬러를 활용하고 있다고 한다.

코카콜라가 제품별로 컬러를 달리 사용한 것처럼 제품의 맛과 속성을 언어로 표현하지 않더라도 패키지의 컬러만으로 제품이 무엇인지 인지할 수 있도록 활용하는 사례는 많다. 앞서 브랜드 네임의 차별화 사례로 들었던 싱가포르의 음료 브랜드 애니씽도 편의점이나 마트에서 판매하는 패키지는 제품별로 컬러를 달리 활용하고 있다. 블랙은 콜라맛, 옐로는 레몬맛, 오렌지는 오렌지맛 탄산 음료라는 것을 누구나 쉽게 알 수 있다. 컬러로 제품의 특징을 확실히 구분할 수 있다는 점을 활용하면 브랜드 차별화에도 많은 도움이 될 것이다.

이탈리아 로마에서의 맥도날드 컬러

그런가 하면 현지 사정에 따라 브랜드 고유의 컬러를 바꿔야 하는 경우도 있다. 2016년 2월, 이탈리아 로마에 방문했을 때 맥도날드의 옥외 간판 컬러를 보고 깜짝 놀랐다. 일반적으로 맥도날드의 바탕 컬러로 알고 있는 레드가 아닌 그린 컬러였기 때문이다.

한국은 물론이고 일본, 호주, 미국, 캐나다에서 보았던 맥도날드의 레드 컬러가 왜 로마에서만 그린 컬러가 된 것인지 궁금했다. 나중에 알고 보니 로마의 지하철 표시 간판이 레드 컬러를 배경으로 'M'자를 활용하고 있었던 것이다. 자칫 맥도날드 간판이 지하철 표시와 혼동을 일으킬 것을 우려해 레드 컬러를 사용하지 못한 것이라고 한다. 자신의 브랜드 컬러가 아무리 확고하더라도 글로벌 브랜드 전략의 차원에서 새롭게 진출하는 지역에 뿌리 깊게 자리 잡은 컬러에 대한 인식과 이미지, 사용 상황을 반드시 확인해야 할 것이다.

9

굿즈,
다이어리 맛집이 된
'스벅'

굿즈Goods란 상품, 물품을 뜻한다. 최근 국내 시장에서는 연예인 또는 캐릭터 콘텐츠를 활용해 만든 MD상품을 뜻한다. 초기에는 한류 열풍을 타고 엔터테인먼트 기업을 포함한 여러 기업들이 굿즈 사업에 뛰어들었다. K-POP을 주도한 아티스트의 콘텐츠를 활용한 아이돌 굿즈 사업은 선풍적인 인기와 함께 브랜드 매출 상승에 효자 노릇을 했다. 아티스트라는 하나의 콘텐츠와 MD상품이 만난 시너지 효과는 매우 컸다. 또한 브랜드 이미지를 효과적으로 전달할 수 있기 때문에 굿즈에 대한 관심은 계속 커지고 있다.[26]

최근 강력한 소비자층으로 부상한 밀레니얼 세대들은 소유보다는 경험 소비를 중시하는 특징을 갖고 있다. 유사한 굿즈를 소비하는 집단

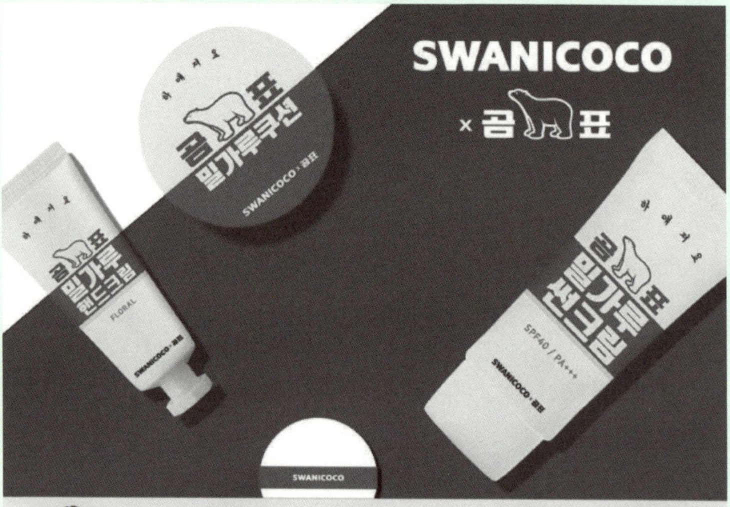

다양한 제품으로 컬래버레이션한 곰표 굿즈.

과의 유대감을 형성하고 소통하는 경험을 즐기는 성향 역시 굿즈의 판매를 이끄는 원인이라고 분석된다. 2018년 기준, 굿즈 시장은 연 1천억 원 규모까지 성장한 것으로 추정되며, 성장세를 볼 때 점점 더 시장이 확장될 것이라고 예상된다. 따라서 기업들은 새로운 자극을 원하는 고객의 수요를 겨냥해 실용성과 브랜드 아이덴티티를 잘 담아낸 굿즈로 브랜드를 차별화시킬 필요가 있다.

곰표의 브랜드 컬래버레이션

최근 67년의 역사를 지닌 대한제분의 곰표 브랜드가 대대적인 변신을 꾀하고 있다. 밀레니얼 세대들에게는 새로움과 신선함을 전이하고 40대 이상에게는 향수를 불러일으키는 레트로 Retro 콘셉트로 여러 브랜드들과의 협업을 통해 브랜드 굿즈를 만들어 소비자에게 다가가고 있다. 밀가루를 바른 듯한 하얀 피부로 가꿔주는 '밀가루 쿠션'과 '밀가루 썬크림' 등을 내놓은 화장품 기업 스와니코코는 패키지 디자인에 곰표 밀가루 디자인을 그대로 적용시켰다. CGV 영화관 왕십리점에서도 곰표 브랜드의 북극곰 캐릭터를 활용하는 것은 물론, 곰표 브랜드의 또 다른 상징물인 밀가루 포대를 활용해서 20kg짜리 밀가루 포대에 팝콘을 담아주는 이벤트까지 진행했다.

이러한 컬래버레이션 Collaboration에 대해 대한제분에서는 "협업하는 브랜드와 제품이 곰표가 추구하는 아이덴티티와 부합할 수 있느냐,

스타벅스의 11, 12월 매출이 더 높은 이유는?

커피는 물론 굿즈 시장까지 장악한 스타벅스의 국가 및 도시 텀블러.

즉 곰표다움과 잘 어울릴 수 있는지를 가장 중요하게 고려한다"고 밝혔다. 또한 "마냥 재미와 자극만을 추구하는 콘텐츠는 단발적일 수밖에 없어 소비자의 깊은 공감대를 이끌어내지 못하기 때문에 브랜드 굿즈 전략의 방향을 분명히 할 것"을 강조했다.[27]

대한제분은 장기적인 브랜드 커뮤니케이션을 위한 채널로 '곰표 베이커리 하우스'라는 온라인 플래그십 스토어를 운영하고 있다. 곰표의 플래그십 스토어는 기업과 브랜드의 역사와 자료가 담긴 브랜드관, 대한제분의 대표상품인 밀가루를 판매하는 식품관, 레트로 굿즈와 컬래버레이션 굿즈를 파는 제품관으로 나뉘어 있다. 굿즈를 통한 곰표 브랜드의 변신은 젊은 고객들에게 유쾌하게 받아들여져 온라인 커뮤니티에서도 재미난 마케팅으로 입소문을 탔다. 곰표 브랜드의 굿즈는 기존 밀가루 제품과 기존 브랜드 이미지를 다르게 보는 눈을 통해 이미지를 쇄신하고 브랜드 재활성화 및 차별화에 중요한 역할을 하고 있다.

스타벅스의 굿즈

브랜드 굿즈를 가장 잘 활용하고 있는 브랜드는 단연 스타벅스다. 스타벅스의 충성 고객들은 매년 연말이 되면 스타벅스 다이어리를 얻기 위해 스타벅스 매장을 자주 방문한다.

크리스마스 프로모션 음료 3잔을 포함해 17개의 음료 스티커를 2개월 안에 모으면 한정판 스타벅스 다이어리를 얻을 수 있기 때문이다.

스타벅스에서는 매년 다이어리 물량을 조금씩 늘리고는 있지만 수요에 비해 공급이 부족한 형편이다. 그러다 보니 중고장터에서 웃돈을 얹어 다이어리를 구매하기도 한다.

굿즈의 인기 덕분에 스타벅스의 11, 12월 매출은 다른 달에 비해 평균 20%가량 높을 것이라 추산된다. 실제로 스타벅스에 따르면 크리스마스 프로모션 음료의 두 달 매출은 매해 전년 대비 약 8%씩 증가한다고 한다. 스타벅스의 굿즈 구매 신드롬은 단순히 다이어리를 위한 음료 매출을 올리는 데에만 그치지 않고 머그컵과 텀블러의 구매로 이어져 추가적인 브랜드 노출을 통해 인지도를 높여주고 매출 상승에도 큰 역할을 하고 있다.

스타벅스 굿즈를 수집하는 고객 집단이 형성되면서 국내가 아닌 해외 지점으로 소비자들의 구매력이 확장되는 경우도 늘어났다. 그 지역에서만 판매하는 스타벅스 머그컵이나 텀블러 등을 구성해 해외 여행을 하는 사람들의 지갑이 열리게 만든 것이다.

개인적으로도 해외 여행 중 스타벅스 매장이 있는 지역을 방문하면 꼭 스타벅스 매장에 들러 해당 도시의 머그컵이나 텀블러 등 굿즈를 구매한다. 스타벅스 굿즈를 모으지 않는 사람들도 지인들의 부탁을 받아 심부름을 하는 경우를 종종 보곤 한다. 이처럼 브랜드 굿즈는 소비자와 브랜드 사이의 결속력을 강화시킬 뿐만 아니라 같은 브랜드 굿즈를 사용하는 사람들에게 동질감을 느끼게 해주는 등 브랜드 활성화 및 차별화에 매우 큰 역할을 하고 있다.

두바이 아르마니 호텔 전경과 어메너티.

빙그레 메로나 굿즈

굿즈는 브랜드 확장이라는 차원에서 고객의 심리적 장벽을 허무는 데 탁월한 역할을 한다. 이러한 특징을 활용해 빙그레에서는 대표 아이스크림 브랜드인 메로나를 다양한 브랜드들과 컬래버레이션했다. 스포츠 브랜드인 휠라와 함께 메로나 운동화와 슬리퍼를 선보였고, 편의점 세븐일레븐과는 메로나 모양의 수세미를 출시했다. 애경에서는 메로나 모양을 본뜬 '2080×빙그레 칫솔'을 출시했다. 일상에서 흔히 사용하는 치약과 칫솔이지만 이를 수용하는 고객들의 심리는 굿즈 수집과 비슷하다. 또 빙그레도 자체적으로 메로나 우유, 메로나 스파클링 등 제품 영역을 확장하면서 브랜드 가치를 활용하고 있다.

두바이 아르마니 호텔 어메너티

한편 호텔은 자체적으로 만든 어메너티$_{amenity}$를 고객들에게 제공하고 있다. 비누나 욕실용품 같은 생활 편의 용품들을 전문 브랜드 제품으로 활용하는 경우도 있고, 자체적으로 자신의 브랜드 굿즈를 만들어 제공하는 경우도 있다.

2018년 2월, 두바이 여행을 계획하면서 호텔을 찾아보던 중 이탈리아 밀라노와 두바이에만 있다는 패션 브랜드 아르마니$_{Armani}$ 호텔에 투숙해보면 좋은 경험이 되겠다고 생각했다. 전 세계에서 가장 높은 건물인 부르즈 할리파$_{Burj\ Khalifa}$ 안에 있는 두바이의 아르마니 호텔은 직원들도 아르마니 복장을 입고 있다. 어메너티도 아르마니 브랜드로 구성되어 있다. 비누와 샴푸, 바디로션을 비롯해 아르마니 브랜드 굿즈를 통해 다른 호텔 브랜드들에서는 느낄 수 없었던 아르마니다움, 럭셔리 패션 브랜드 아이덴티티의 일관성과 차별성을 느낄 수 있었다.

이처럼 브랜드 굿즈는 회사의 주력 상품은 아니지만 고객의 심리를 자극함으로써 행복감을 높이는 역할을 한다. 이는 브랜드에 대한 긍정적인 태도로 이어질 수 있다. 주변에서 굿즈에 열광하는 모습을 보고 따라 하는 모방심리가 생기면서 고객 유인의 관점에서도 좋은 마케팅 툴이 될 수 있다. 단, 굿즈를 활용한 마케팅은 정기적인 프로모션으로 진행하는 것이 좋다. 굿즈를 다르게 보는 눈이 필요하다. 스타벅스의 사례처럼 특정 시기에 정기적으로 굿즈 프로모션을 진행하게 되면 고객들의 기대감을 자극하고 이는 브랜드에 대한 기대감으로 치환될 수 있기 때문이다.

도시, 브랜드로 다시 태어나다

10

도시 마케팅이란 도시와 시민을 위해 가치를 창조하고 커뮤니케이션하며, 지방자치단체와 이해관계자에게 이익을 주는 방향으로 시민과의 관계를 관리하는 도시의 기능이자 과정을 말한다.[28] 또 도시 브랜딩은 지방자치단체의 이름 속에 가치나 문화를 담고 이에 대한 시민들의 경험을 극대화시켜주는 과정을 말한다.

도시 브랜딩의 네 가지 편익

도시 브랜딩은 일반적인 브랜딩보다 체계적이고 전략적인 사고가 필요한 작업이다. 구체적으로 도시 브랜딩의 편익은 네 가지로 구분할 수 있다.

첫째, 시민들이 투자 장소나 여행 목적지로 도시를 선택할 때 쉽고 간단하게 의사결정을 할 수 있도록 도와주는 역할을 한다. 투자를 결정하거나 여행의 목적지를 선택하는 정도의 의사결정은 고관여 의사결정이기 때문이다.

둘째, 인적 자원, 물리적 자원, 문화적 자원, 관계적 자원 등을 통해서 도시의 자산을 가시적이고 구체적인 실체로 만들어준다. 이를 통해 다른 도시와의 차별화를 꾀할 수 있도록 도와준다.

셋째, 단체장, 시민, 공무원, 언론 등 도시와 관련된 모든 이해관계자가 공통의 목적을 공유하게 만들어준다. 또한 목적을 계획적으로 유지시키고 교육시키며, 그들의 모든 역량을 종합적으로 집중시켜 시너지 효과를 가져올 수 있도록 도와준다.

넷째, 장소, 사람, 이벤트 시설 등 도시의 모든 자원을 포함하고 있기 때문에 장기적으로 도시를 발전시킬 수 있는 전략적 토대를 마련해준다. 전략적으로 계획되고 실행된다면 미래를 예측하고 계획하는 마스터플랜이 될 수 있다. 즉 도시 브랜딩 전략의 성공 요인은 지방자치단체장이나 공무원들만의 노력으로 되는 것이 아니다. 좋은 관광 자원이나 축제와 같은 이벤트가 있다고 해도 우선 시민들의 적극적인 참여가 있어야 한다.[29]

도시 브랜드의 차별화가 필요한 이유는 무엇일까? 최근 들어 도시마다 기업 유치 및 관광 활성화를 위해 자신만의 도시 아이덴티티를 구

네덜란드 암스테르담 조형물.

프랑스 리옹 조형물.

축하고 차별화를 이루려는 노력을 기울이고 있다. 도시 브랜드를 구축하기 위해서는 해당 도시만의 차별화를 위한 콘셉트를 구축하고 아이덴티티 요소들을 개발해야 한다. 도시만의 콘셉트가 모호하면 아이덴티티 요소들이 제대로 정착을 하지 못하게 된다.

좋은 예: 대전과 코펜하겐, 암스테르담

2015년 12월, 대전도시마케팅공사에서 진행한 대전시 도시브랜딩 공모전에 참여한 학생들을 지도한 적이 있다. 당시 학생들이 조사한 내용에 따르면 대체로 대전 시민들이나 다른 도시 사람들은 모두 대전을 '과학의 도시'로 생각하고 있다고 했다. 그런데 학생들은 다른 도시에서도 자신들의 아이덴티티를 과학의 도시로 구축하려는 사례가 있어 대전만의 아이덴티티라고 말하기는 어려울 것 같다고 여기고 있었다.

이런 경우에는 자신들을 과학의 도시라고 생각하는 도시의 시민들과 외부 사람들이 모두 그 도시를 과학의 도시로 생각하는지를 따져봐야 한다. 학생들은 대전만큼 '과학의 도시'라는 아이덴티티와 이미지가 일치하는 곳은 없는 것 같다고 대답했다. 결국 대전시의 도시 아이덴티티를 '과학의 도시'로 명확히 구축하고 이에 관한 기획서를 작성했다.

또한 그들은 자신들이 구축한 대전시의 아이덴티티를 도시 브랜드 디자인으로 구체화시켰다. 대전시 영어 표기인 'Daejeon' 중 마지막 두 글자 'ON'을 부각시켜 과학적 의미를 담아냈다. 그리고 자신들의 결과물로 공모전에 참여해 경쟁 프레젠테이션을 거친 끝에 대상을 수상했다. 한 도시의 아이덴티티를 구축하려고 한다면 도시 안팎의 시민들이 공감하고 호응할 수 있는 자기다움인지를 확인하고 다른 도시들과 차별화를 이루어야 한다는 것을 보여준 사례다. 학생들이 제시한 대전시의 브랜드 디자인처럼 브랜드 콘셉트에 적합한 아이덴티티 요소들을 잘 활용해 표현하면 브랜드를 한층 더 돋보이게 할 수 있다.

도시 브랜드를 구성하는 아이덴티티 요소로는 도시 브랜드 슬로건, 도시 브랜드 디자인, 도시 브랜드 캐릭터, 도시 브랜드 컬러와 같은 것들이 있다. 덴마크의 수도인 코펜하겐은 도시 브랜드 슬로건의 성공적인 차별화 사례다. 코펜하겐의 슬로건은 'OPEN FOR YOU'다. 이는 'COPENHAGEN'이라는 도시명의 영어 철자 중 'OPEN'이라는 단어를 활용한 것이다.

이와 유사한 차별화 사례가 네덜란드의 수도인 암스테르담의 도시 브랜드 슬로건이다. 네덜란드는 'I AMSTERDAM'이라는 슬로건을 만들었는데, 'I'라는 주격대명사가 'AM'이라는 동사와 절묘하게 맞아떨어졌다. 2014년 2월, 네덜란드 암스테르담을 여행하던 중 빈센트 반 고흐 미술관을 방문했을 때 바로 그 'I AMSTERDAM' 조형물을 발견했다. 관광객들이 조형물 앞에서 사진을 찍던 모습을 보면서 도시 브랜드의 조형물이 도시의 랜드마크가 될 수 있다는 것을 실감했다.

우리나라 제주도는 도시 브랜드 슬로건으로 '온리제주 Only Jeju'를 내세운 적이 있었다. 리옹 Lyon도 제주와 마찬가지로 '온리 Only'를 활용해

'온리리옹ONLYLYON'이라는 도시 브랜드 슬로건을 내세웠다. 리옹의 슬로건은 'LY'를 중심으로 'ON'이라는 단어가 좌우대칭을 이뤘다. 아쉽게도 제주보다는 프랑스의 리옹이 '온리'라는 단어와 가장 잘 어울리는 도시 같다는 느낌을 지울 수 없었다. 브랜드의 콘셉트를 정하고 슬로건을 내세우는 것도 중요하지만 자신의 아이덴티티 요소를 어떻게 잘 활용하는지도 그 효과를 좌우한다. 단어의 시각적인 대칭을 이용해 리옹을 다른 도시와 차별화시키는 차이를 만든 것처럼 말이다.

나쁜 예: 어색한 영문 슬로건

특히 국내 도시 브랜드 슬로건의 사례들을 보면 도시 아이덴티티를 제대로 표현해내지 못한 곳이 많다. 대표적으로 울산광역시와 김해시의 도시 브랜드 슬로건을 살펴보자. 두 도시는 지리적으로 멀리 떨어져 있지도 않을뿐더러 'Ulsan for you', 'Gimhae for you'라는 차별성 없는 도시 브랜드 슬로건을 내세웠었다. 자기 도시만의 아이덴티티도 잘 표현하지 못한 것으로 평가된다.

또 다른 예를 살펴보자. 충남 천안시의 도시 브랜드 슬로건은 'Fast 천안'이었지만 천안이 왜 빠른 도시라는 아이덴티티를 가져야 하는지가 의문이었다. 만약 빠른 도시라는 것을 강조하려면 천안이 충청남도 도시 중 어떤 점에서 빠른지를 충분히 고민했어야 한다. 앞서 대전시의 공모전 사례에서도 살펴봤듯이 도시가 내세우려는 아이덴티티와 시민들이 느낄 수 있는 이미지가 일치돼야 브랜드를 잘 구축했다고 말할 수 있다. 이와 비슷하게 'Smart 아산'을 표방한 아산시의 도시 브랜드 슬로건도 왜 아산이 스마트한지를 시민들이 인식하고 공감할 수 있게 만들어야 한다. 경상남도는 'Feel 경남'이라는 도시 브랜드 슬로건을 내세웠다가 'Bravo 경남'으로 변경했다. 기존의 'Feel'이나 새롭게 바뀐 'Bravo'라는 단어가 왜 경남만의 아이덴티티가 될 수 있는지 고민해볼 필요가 있다. 'Bravo'라는 단어는 어느 도시에 써도 별 무리가 없는 단어가 아니겠는가.

영문과 한글이 혼합된 브랜드 슬로건은 언어적 이질감 때문에 어색함을 지울 수 없다는 한계가 있다. 따라서 국내에서는 도시 브랜드 슬로건의 형태를 영문으로 개발할 경우, 내국인을 대상으로 한 국문형 슬로건과 외국인을 대상으로 한 영문형 슬로건으로 도시 브랜드 슬로건을 이원화시키는 것도 좋은 방법이 될 수 있다. 예를 들어 전북 전주시의 영문형 도시 브랜드 슬로건은 'Asiart Jeonju'였다. 이는 '예향 전주'라는 이미지를 살려 아시아Asia와 아트Art를 합성한 슬로건으로, 아시아의 예술 도시를 표방한다는 의미를 담고 있다. 그런가 하면 국문형 도시 브랜드 슬로건은 '한바탕 전주 세계를 비빈다'였다(현재는 '한바탕 전주'로 바뀜). '비빈다'라는 단어를 활용할 때 가장 잘 어울릴 수 있는 도시는 아마도 비빔밥의 고장인 전주시밖에 없을 것이다.

도시의 아이덴티티와 도시 브랜드 슬로건이 일치할 때 효과는 배가된다. 만약 둘 사이에 거리감이 있다면 실패로 끝날 것이 분명하다. 경

도시 이름의 첫 글자를 형상화시킨 벨파스트의 로고.

'레드닷 어워드'까지 수상한 공주시의 브랜드 로고.

남 거창군의 도시 브랜드 슬로건인 '거창한 거창'은 도시명과 같은 발음을 반복적으로 활용해 차별화를 꾀한 사례다. 아마도 '거창한'이라는 단어가 가장 잘 어울리는 도시는 거창군밖에 없을 것이다. 그런데 한국지역진흥재단에서 지역 브랜드에 관한 강의를 할 때 거창의 도시 브랜드 슬로건과 실제 도시 사이의 괴리감이 있다는 것을 확인할 수 있었다. 당시 거창군에서 근무하는 분께 "거창군에는 거창한 게 무엇이 있나요?"라고 질문을 했다. 그분의 대답은 "없다"였다. 단순히 도시명과 비슷하다는 이유로 내세운 슬로건에 부합할 만큼 내세울 것이 없다면 단순한 말장난에 그치고 만다. 차별은 되지만 차별화에는 이르지 못하는 실패 사례가 될 것이다.

심플하지만 분명한 의미 전달

도시 브랜드 디자인 또한 도시 아이덴티티의 차별화에 매우 중요한 역할을 한다. 경주시의 도시 브랜드 디자인은 국내 도시 중 자신의 아이덴티티를 잘 표현한 사례로 손꼽힌다. 왕관 모양의 디자인은 천년고도 경주시의 아이덴티티를 잘 표현하고 있다. 또한 제주시의 경우 'JEJU'라는 워드 마크를 잘 활용함으로써 사람들이 쉽게 제주라는 지역을 인지할 수 있도록 노력하고 있다. 반면 울산 남구와 경기 가평군의 브랜드 디자인은 매우 비슷해 보이는 덕분에 둘을 구분하기가 매우 어렵다.

북아일랜드의 중심 도시 벨파스트 Belfast는 다르게 보는 눈을 적절히 활용해 도시의 로고 디자인을 개발했다. 디자인의 형태는 매우 심플한 하트 모양으로 'Belfast'의 첫 글자인 B를 형상화시켜서 도시의 아이덴티티를 잘 살리고 있다.

　　국내에서는 충남 공주시가 도시 브랜드 아이덴티티를 잘 구축한 사례다. '흥미진진 공주'라는 도시 브랜드 슬로건으로 리브랜딩하고 도시 브랜드 디자인도 무령왕릉을 모티브 삼아 잘 표현해냈다. '고미'와 '공주'라는 도시 브랜드 캐릭터도 개발했다. 공주시는 도시 브랜드 요소들로 세계 3대 디자인 어워드인 독일의 레드닷 어워드 Reddot Award 커뮤니케이션 디자인상을 수상했다. 이처럼 잘 만든 도시 브랜드 아이덴티티들은 도시를 더욱 빛내주고, 자기다움을 통해 다른 도시와의 차별화를 이끌어내는 데 중요한 역할을 한다.

4장 고객에게 직관적으로 통하는 브랜드 커뮤니케이션

1

남다르게, 하지만 일관되게 브랜딩하는 그들

브랜드를 커뮤니케이션할 때에는 단순히 톡톡 튀는 커뮤니케이션이 중요한 것이 아니다. 자신의 브랜드 콘셉트를 얼마나 일관성 있게 잘 전달하느냐가 브랜드 커뮤니케이션 차별화에 매우 중요하다.

코카콜라

코카콜라의 브랜드 콘셉트는 '즐거움'이다. 코카콜라의 TV광고를 보면 이 '즐거움'이 빠져 있는 경우를 찾아보기가 어렵다. 브랜드 콘셉트의 일관성을 유지하기 위해 광고에서도 항상 '즐거움'을 전달한다. TV광고에만 그치지 않고 여러 캠페인들을 통해서도 고객들에게 '즐거움'을

'행복을 시작하다' 캠페인을 진행한 코카콜라.

특유의 병 모양을 활용해 일관된 커뮤니케이션을 하는 앱솔루트.

전달하고 있다.

2012년, 코카콜라는 리투아니아 수도 빌뉴스에서 '행복을 시작하다Roll Out Happiness' 광고 캠페인을 진행했다. 회색의 도시인 빌뉴스에 임시 공원을 만들어 사람들에게 일상의 휴식을 제공하고 코카콜라와 함께 하면 즐겁다는 메시지를 전달했다. 또한 대학 신입생들이 학교에 적응하는 데 어려움을 겪는 것에 힌트를 얻어 '함께 돌려요The Friendly Twist'라는 무료 자판기 캠페인을 벌이기도 했다. 그리고 혼자서는 열 수 없는 뚜껑으로 만들어진 코카콜라를 무료로 나눠주었다. 주변 친구들과 함께 서로의 뚜껑을 결합해야만 돌려서 딸 수 있게 함으로써 소통을 이끌어냈고, 이를 통해 '즐거움'을 전달했다.

1979년에 탄생한 스웨덴 보드카 브랜드인 앱솔루트Absolut는 커뮤니케이션의 차별화와 일관성을 위해 TBWA 단 한 곳에서만 모든 커뮤니케이션을 집행했다. 또한 모든 광고는 앱솔루트 보드카 특유의 병 모양을 활용해서 일관성 있는 커뮤니케이션을 지속했다.

버거킹과 맥도날드

버거킹과 맥도날드 사이의 커뮤니케이션 전쟁은 매우 유명하다. 맥도날드의 캐릭터 로날드가 버거킹의 매장에 들러 주문하는 장면을 커뮤니케이션하기도 했고, 옥외 광고판에 두 브랜드를 동시에 노출시키고는 맥도날드의 주력 메뉴 열량이 더 낮고 매장 위치도 더 가깝다고 알리

vs

버거킹과 맥도날드 전쟁.

기도 했다.

2016년 상반기에 맥도날드는 프랑스 TV광고를 통해 고속도로 옥외 광고판에 "버거킹까지는 258km, 맥도날드까지는 5km"라고 안내하는 장면을 보여주며 "버거킹 드라이브 스루는 17개인 데 비해 맥도날드는 1,000개 이상의 드라이브 스루 매장으로 당신에게 더 가까이 있습니다"라는 메시지를 전달했다. 버거킹 매장보다 맥도날드 매장을 이용하기 편리하다는 우위성을 보여준 것이다.

그러자 버거킹은 옥외 광고판에 버거킹까지는 258km, 맥도날드까지는 5km라고 안내하고 맥도날드 드라이브 스루에서 한 커플이 커피만 주문하는 장면을 연출했다. 이 장면만 봐서는 어떤 의미를 전달하려는 것인지 궁금증을 유발했다. 그런데 "앞으로 253km만 가면 버거킹의 와퍼 Whopper를 먹을 수 있어요"라는 메시지가 나오면서 남성이 "오는 데 별로 멀지 않았지?"라고 묻자 여성이 "전혀 안 멀었어"라고 답한다. 맛있는 햄버거를 먹는 데 먼 거리는 중요하지 않다는 메시지로 맥도날드의 광고에 응수한 것이다.[30]

상대의 약점을 활용해 커뮤니케이션하는 경우도 있었다. 맥도날드는 2019년 1월 15일, 유럽연합 EU 지식재산청에 제기된 빅맥 상표권 소송에서 패소해 빅맥 독점 상표권의 효력을 잃었다. 현재 EU에서는 누구든 빅맥이라는 상표를 사용할 수 있게 됐다. 그러자 버거킹은 맥도날드를 놀리는 커뮤니케이션을 실행했다. 스웨덴 스톡홀름 버거킹 매장에서는 '빅맥이 아니야 Not Big Mac's'라는 카피를 내세워 버거킹의 대표 메뉴들의 이름을 '빅맥과 비슷하지만 실제로는 더 큰 것', '빅맥과 비슷하지만 더 촉촉하고 맛있는 것'과 같은 식으로 바꾸어 커뮤니케이션했다.

버거킹 스웨덴은 같은 해 1월 30일 유튜브에 해당 메뉴를 제공하는 매장 풍경을 담은 영상을 올리기까지 했다. 많은 사람들은 맥도날드와 버거킹의 커뮤니케이션 전쟁을 지켜보며 다음엔 어떤 커뮤니케이션으로 서로에게 복수를 할지 기대하기도 했다. 이처럼 두 경쟁 브랜드의 커뮤니케이션 전쟁은 양측이 시장에서 선도자 그룹이라는 인식을 심어줄 수 있다. 그러나 사람들의 관심을 끌 수 있다는 장점은 있지만 자칫 지나친 경쟁으로 인해 브랜드 이미지 하락으로 이어질 수 있다는 위험 요소도 고려해야 한다.

BMW와 벤츠

BMW와 메르세데스-벤츠 Mercedes-Benz 는 독일 자동차를 대표하는 브랜드 경쟁자로서 상대의 약점을 드러내는 커뮤니케이션이나 자신들의 상대적 강점을 활용한 커뮤니케이션을 효과적으로 잘 진행했다. 2019년 5월 BMW는 '은퇴는 더 넓은 미래를 향한 탐험입니다 Retirement is about exploring your wide open future'라는 주제로 디터 제체 다임러 Dieter Zetsche Daimler 벤츠 회장의 은퇴를 기념 헌정하는 광고를 만들었다.

광고는 벤츠 본사 사무실에서 다임러 회장이 은퇴하는 장면과 비서가 집까지 벤츠의 자동차로 데려다주고 마지막 인사를 나누는 장면까지 보여준다. 이후 다임러 회장은 '드디어 자유다Free at last'라는 문구와 함께 BMW의 전기 스포츠카인 i8 로드스터를 몰고 드라이브를 떠난다. BMW는 다임러 회장의 은퇴를 축하함과 동시에 미래 자동차 산업의 핵심인 전기자동차 시장에서의 BMW 우수성을 재치있게 강조했다.[31]

베네통

베네통Benetton 의류 브랜드의 풀 네임은 '유나이티드 컬러스 오브 베네통United Colors of Benetton'이다. 1990년대 초반에는 고속도로 광고판이나 잡지에 도발적이고 충격적인 광고 사진들을 선보여 고객들의 머릿속에 베네통이라는 브랜드를 강렬하게 인지시켰다. 흑인·백인·황인이라는 제목을 단 3개의 심장, 흑인 여성의 몸에 안겨 젖을 먹는 백인 아기, 연인처럼 키스하는 신부와 수녀처럼 통념을 깨는 베네통의 모든 광고에는 대부분 아무런 카피도 없이 '유나이티드 컬러스 오브 베네통'이라는 카피만 드러나 있었다.

1991년 유럽에서 패션 사진가로 성공한 올리비에로 토스카니Oliviero Toscani는 베네통 그룹의 전폭적인 지지를 받으며 광고 디렉터에 취임했다. 그의 커뮤니케이션 전략은 단순히 베네통이라는 브랜드를 알리는 데에 그치지 않고 사회적으로 금기시하는 이야기, 주류 세계가 인정하고 싶지 않은 사실, 긍정적이지 않다는 이유로 잊힌 사건들을 들추어내고 적나라하게 보여주는 것이었다. 그 광고들은 은근하지만 강력한 사회적 메시지를 전달했다.

토스카니는 별다른 선동적인 문구도 없이 단지 호소력 있는 사진 한 컷만으로 강력한 사회적 메시지를 전달했다. 탯줄도 끊어지지 않은 핏덩이 갓난아기 사진을 자세히 들여다보면 여자아기를 찍은 것이다. 즉 전 세계의 남아선호 사상에 대한 항의를 담은 것이었다. 이 광고들을 통해 베네통의 브랜드 가치는 엄청나게 상승했다. 그의 광고 메시지는 베네통을 알리는 데에는 전혀 관심이 없는 것처럼 보인다. 그러나 강력한 사회적 메시지와 충격적인 이미지, 그리고 그린 컬러의 '유나이티드 컬러스 오브 베네통'이라는 로고와 함께 이 사진들은 베네통 브랜드를 인지시키면서 전 세계로 전파됐다.[32] 이러한 사진 이미지는 그린 컬러의 브랜드 이미지와 강렬한 대비를 이루도록 치밀하게 선택됐음을 알 수 있다. 다르게 보는 눈을 통해서 본 디테일한 요소들을 제대로 표현해 커뮤니케이션의 차별화를 이룬 것이다.

그런데 광고 사진들을 활용하지 않고도 베네통 브랜드를 알려 커뮤니케이션의 차별화를 이룬 사례가 있다. 커뮤니케이션 활동이라고 하면 광고를 통해 자신의 브랜드를 노출시켜 고객의 머릿속에 인지시키려는 활동만 생각한다. 그러나 베네통은 미국에서 전국적인 광고 캠페인의 일환으로 미국 전역에 흩어져 있는 고속도로 광고판 공간을 모두 사들이고 이를 빈 공간으로 남겨 두었다. 즉 아무런 광고도 하지 않은 것이다. 끊임없이 쏟아지는 광고의 홍수 속에서 사람들에게 잠시나마 휴식을 선사해주고 싶었다는 게 이유였다. 광고에 대해 남들과 다른 시각으로 바라본 것이다.

베네통은 언론사로부터 왜 광고판에 광고를 하지 않았느냐는 문의 전화를 받았다. 그리고 그들의 의도를 파악한 언론에서 보도를 함으로써 베네통 브랜드의 착한 활동이 자연스럽게 전파됐다. 고객들은 이러한 베네통의 커뮤니케이션 활동에 긍정적인 평가를 했고, 광고를 하지 않은 것이 오히려 더 큰 광고의 효과를 본 사례가 됐다. 베네통다움으로 남들이 하지 않는 디테일한 부분을 캐치해 커뮤니케이션의 차별화를 보여주었다.

렉서스

브랜드의 커뮤니케이션 활동은 결국 브랜드의 이미지를 형성하는 데 중요한 역할을 한다. 광고나 PR을 비롯한 커뮤니케이션 활동을 통해 브랜드의 이미지가 긍정적으로 형성되면 브랜드의 구매로 이어질 확률이 높다. 이와 같은 커뮤니케이션 활동은 단순히 광고나 PR만이 아닌 고객 접점에서 직원들의 고객 서비스 응대에서도 실현된다. 광고를 통해 브랜드 이미지가 구축되면 고객들은 그 이미지에 어울리는 서비스를 받을 수 있을 것으로 기대한다. 아무리 브랜드 이미지를 잘 구축해도 실제로 제품과 서비스의 구매, 즉 매출과 이익으로 실현되려면 판매가 이루어져야 한다. 따라서 매장 안에서의 고객 서비스가 어떻게 이루어지는지가 커뮤니케이션 활동의 핵심이 될 수 있다.

매장에서의 고객 서비스 중요성을 렉서스Lexus 자동차의 사례로 설명하고자 한다. 도요타의 엔지니어링 기술에 바탕을 두고 1989년에 설립된 브랜드인 렉서스는 BMW와 메스세데스-벤츠라는 거대 기업들이 우위를 차지하고 있는 고급 자동차 시장에 뛰어들었다. 렉서스는 한 자동차 성능 테스트 기관으로부터 '미국에서 가장 멋진 고급 세단'으로 인정받은 모델인 렉서스 LS430을 내세워 치열한 경쟁 속에서 커다란 성공을 이루었다. 193개의 판매 대리점은 매년 대리점당 1,050대 이상의 자동차를 팔면서 포드나 GM과 같은 기존의 거대 자동차 기업들을 제쳤다.

'우리는 판매 대리점에서의 고객 경험을 중시한다'를 모토로 렉서스는 무엇보다 사람에 초점을 맞추었다. 그들이 처음에 내세웠던 '우리는 고객들을 우리 집에 온 손님처럼 대한다'는 사명 선언은 지금도 유효하다. 렉서스는 시장에서 가장 인정받는 최고의 제품을 만들고 디자인했다는 자신감이 있었고, 그다음으로 최고의 제품을 고객들이 받아들일 수 있도록 만드는 것이 도전 과제였다. 이를 위해 렉서스 판매점에서는 매우 개인적이고 진심 어린 환대의 느낌을 창출했다. 이들은 고객의 자동차에 문제가 발생했을 때 직접 찾아가서 차량을 회수하고 다시 가져다주었다.

그러던 중 한 고객이 임신한 아내를 태우고 병원으로 가다가 제때에 병원에 도착할 수 없는 상황에 놓였다. 그는 렉서스 대리점 직원들의 따뜻한 환대를 기억하고 도움을 받기 위해 대리점 안으로 들어갔다. 렉서스 직원들은 부부가 편안해할 수 있도록 최선을 다했고 그들 덕분에 아기는 대리점에 전시돼 있던 SUV 차량의 앞좌석에서 무사히 태어날 수 있었다. 부부는 딸의 이름을 이사벨라 알렉서스 맥데빗*Isabella Alexus McDevitt*이라고 지었다.[33] 이 사건은 여러 매체의 방송에서 소개되어 고객에 대한 진정한 헌신으로 신뢰를 구축하는 렉서스라는 브랜드 이미지에 긍정적인 영향을 미쳤다.

배달의 민족

국내 스타트업 기업으로 출발해 2018년 기준 유니콘 기업(기업가치 1조원 기업)에 합류한 '우아한 형제들'은 '배달의 민족'이라는 배달 서비스 브랜드를 활성화시키기 위한 커뮤니케이션의 일환으로 단순 매체 광고 이외에도 다르게 보는 눈으로 여러 가지 캠페인을 벌였다. 그중 흥미로운 사례가 '치믈리에 자격 시험'이다. 치믈리에는 '치킨+소믈리에'의 합성어로 치킨 감별사라고 할 수 있다. 즉 국내에 유통되는 모든 치킨의 맛과 향, 식감을 전부 파악하고 있는 치킨 전문가를 뜻한다는 게 회사 측의 설명이다. 2018년 2회 모의고사에 몰린 응시자 수만 해도 무려 58만 명이었다고 한다.

국내에서 치맥(치킨+맥주)이 한창 유행했던 2017년에는 '1인 1치킨'은 해야 한다는 우스갯소리가 있을 정도로 많은 사람들이 치킨을 즐겨 먹었다. 특히 치킨 배달 서비스는 중요한 요소로 작용하고 있었다. 누

'치킨+소믈리에' 합성어인 치믈리에는 치킨 감별사를 뜻한다.

가 더 빨리, 고객이 원하는 치킨을 배달해줄 수 있느냐가 배달 서비스 앱에서는 매우 중요했다. 그래서 여러 브랜드들이 배달 자체에 집중한 매체 광고에 열을 올리고 있었고 배달 시장의 열기는 뜨거웠다. 배달의 민족은 기존의 틀에서 벗어나서 다른 시각으로 경쟁자들이 생각지도 못한 커뮤니케이션 활동인 치믈리에 자격 시험으로 차별화를 이뤘다.

치믈리에 자격 시험은 치킨을 좋아하는 많은 사람들의 흥미를 이끌었고 소셜 미디어상에서 뜨거운 반응을 불러일으켜 많은 사람들의 입소문을 타고 빠르게 퍼져나갔다. 이는 고객 참여형 커뮤니케이션 전략이 왜 중요한지를 보여준 사례로, 배달 앱 시장에서 배달의 민족이라는 브랜드가 왜 차별화에 성공했는지를 보여주는 독특한 커뮤니케이션 활동이라고 할 수 있다.

노즈 스위퍼

최근에 커뮤니케이션 채널을 얘기할 때 가장 핫한 채널이라면 난 연 유튜브YouTube이다. 국내 기업들이 유튜브 마케팅을 하기 시작한 초기에는 보통 15초 또는 30초로 제작된 TV-CF 형태의 광고 영상이 주를 이루었다. 이후에는 플랫폼에 최적화된 형태로 발전해 재미와 감동, 스토리가 있는 바이럴 영상이 많아지면서 화제의 영상이 배출되기 시작했다. 기업의 입장에서는 영상을 통해 자사의 상품이나 서비스, 브랜드를 커뮤니케이션하는 데 유튜브가 효과적인 수단이 되었다.

그중 계절적인 이슈를 잘 활용해 좋은 성과를 낸 메디코어의 '노즈 스위퍼Nose Sweeper' 캠페인을 주목할 필요가 있다. 코 세척기인 노즈 스위퍼는 연예인 이상민이 SBS의 〈미운 우리 새끼〉 방송 프로그램에서 사용하는 모습이 방영되어 화제를 불러일으켰다. 메디코어는 이상민을 모델로 활용해 광고 영상을 찍었고, 미세먼지가 심했던 2018년 3월부터 적극적으로 유튜브 광고를 집행했다.

메디코어는 잠재적 구매의사가 있는 사용자들을 타깃으로 광고를 노출시켰다. 이 영상에 대한 사용자들의 반응이 좋았고 광고 비용 대비 효율도 매우 높은 편이었다. 영상의 화제성은 제품 구매로 이어져서 유튜브 광고 집행 전후를 비교했을 때 제품 판매량이 20%나 증가했다.

유튜브 광고 성과 측정 도구 중 하나인 브랜드 리프트 서베이Brand Lift Survery를 통해 분석했을 때에도 광고 상기도는 51%, 브랜드 인지도는 27% 상승했다. 모바일 세상에서 사람들은 텍스트보다 이미지, 이미지보다는 동영상을 선호하는 경향을 뚜렷하게 나타내고 있다.[34] 이제 국내외 기업들은 유튜브를 중요한 마케팅 채널로 인식하고 최적화된 영상 제작과 채널 마케팅을 통해 다른 시각으로 커뮤니케이션의 차별화를 이루어야 한다.

2

스타벅스와 맥도날드에서 우리가 느끼는 것들*

브랜드 아이덴티티의 요소들은 주로 시각적 요소와 청각적 요소로 구성돼 있다. 이들 두 가지 감각 요소 이외에도 브랜드를 인지시키고 차별화시킬 수 있는 요소들은 무엇일까.

우선 '감각적 경험'이라는 용어는 특정 브랜드의 프랜차이즈 매상을 이용하고, 소비하는 과정에서 오감을 통해 유발되는 인지·감성·감각·행동 관련 반응에 대한 경험을 의미한다. 브랜드 프랜차이즈 매장을 직접적으로 이용하는 경험 소비자들은 감각적 경험을 통해 브랜드에 대

- 한국경영공학회지에 게재한 '브랜드 프랜차이즈 매장에서의 감각적 경험(오감각 경험)이 브랜드 태도와 경험적 가치 그리고 소비자 행복에 미치는 영향'이라는 주제의 학회 논문 발췌. (자세한 내용은 학회 논문 제21권 제3호, pp. 53-70. 참조)

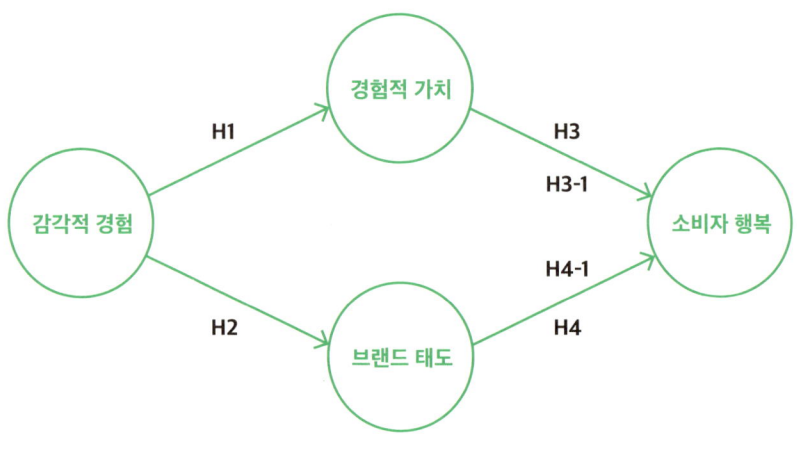

연구 모형

한 인상을 가진다. 브랜드 프랜차이즈 매장은 소비자의 구매 빈도가 높아 브랜드와 관련한 요소들을 일상생활에서 소비자가 직접적이고 반복적으로 자주 경험할 수 있는 곳이다. 따라서 다른 업종보다 감각적 경험이 상대적으로 많이 축적돼 있다.

대표적인 브랜드로 스타벅스와 맥도날드를 선정했다. 커피 전문점인 스타벅스와 패스트푸드 전문점인 맥도날드의 소비자들은 어떤 감각적 경험을 할까. 프랜차이즈 매장에서 소비자들이 겪는 감각적 경험이야말로 궁극적으로 추구하고자 하는 소비자 행복의 유인이라 할 수 있다. 특히 소비자 행복은 최근 마케팅 분야에서 연구 주제로 급부상하고 있는 구성 개념이다. 따라서 감각적 경험과 소비자 행복 간의 인과관계, 그리고 소비자 행복에 미치는 경험적 가치와 브랜드 태도의 매개 효과를 확인한다면 브랜드 차별화에 대한 열쇠를 찾을 수 있다.

스타벅스와 맥도날드 프랜차이즈 매장에서 브랜드를 직접 경험하고 나오는 180명의 소비자를 대상으로 설문조사를 진행했다. 자료수집의 효율성을 위해 편의표본추출법이 이용되었다. 스타벅스 브랜드에 대한 응답자가 87명(48.3%)이었고, 맥도날드 브랜드에 대한 응답자는 93명(51.7%)이었다. 연구의 의의와 시사점은 다음과 같다.

브랜드 차별화의 다섯 가지 열쇠

첫째, 감각적 경험은 경험적 가치와 브랜드 태도에 긍정적인 영향을 미치는 것으로 나타났다. 특히 감각적 경험이 좋을수록 경험적 가치 중 기능 가치보다는 감성 가치가 더 큰 영향을 받았다. 이러한 결과는 감각적 경험이 이성보다는 감성과 더 밀접한 관련성을 가지기 때문인 것으로 해석된다.

서머스와 허버트*Summers & Hebert, 2001*는 매장 내부의 조명을 더 밝게 하면 소비자가 더 많은 시간을 보내면서 더 많은 상품과 접촉한다고 주장했다. 푸치넬리, 챈드라쉐카란, 그리웰과 수리 *Puccinelli, Chandrashekaran, Grewal, & Suri, 2013*는 남성 쇼핑객들이 검정색보다 붉은색에 더 높은 가치를 부여한다는 연구 결과를 제시했다. 이는 시각적 경험이 경험적 가치에 긍정적 영향을 미친다는 것을 시사한다. 식음료 소비환경에서 갤, 휠러와 쉬브*Gal, Wheeler, & Shiv, 2007*는 매장 밝기와 커피를 마시는 소비량 사이에 상관관계가 있다는 연구 결과를 제시했다.[35] 즉 평소 커피를 많이 마시는 소비자는 실내조명이 밝으면 커피를 더 많이 마시며 평소 커피를 적게 마시는 소비자는 실내조명이 어두우면 커피를 더 많이 마신다는 것이다.

따라서 소비자에게 가치 있는 소비를 했다는 인식을 심어주고 브랜드에 대한 우호적 태도를 형성하기 위해서는 프랜차이즈 매장에서의 감각적 경험을 개선시킬 수 있는 체계적인 마케팅 프로그램을 도입해야 한다.

둘째, 경험적 가치는 소비자 행복에 긍정적인 영향을 미치며, 감각적 경험과 소비자 행복을 매개하는 것으로 나타났다. 슈미트_Schmitt, 2010_는 감각적 경험이 소비자가 주관적으로 느끼는 가치와 관련되며, 가치는 오직 직접적인 소비 경험을 통해서만 평가되는 경험적 가치에 유효한 영향을 미칠 수 있다고 주장했다. 또한 경험 마케팅이 어떻게 소비자 행복에 기여할 수 있는지에 대한 문제를 제기하고, 소비 경험적 관점에서는 소비자의 감정이 핵심적인 역할을 한다고 설명했다. 소비자에게 브랜드 경험에 대한 긍정적 감정을 발생시키고, 향상시킬 수 있다면 소비자 행복이라는 개인적 성과 또한 기대할 수 있게 된다.

이는 감각적 경험으로부터 가치가 증대되는 것을 인식할수록 그러한 감각적 경험 요소들은 경험적 가치를 증대시켜 궁극적으로 소비자 행복을 이끌어내는 원인이 된다는 것을 시사한다. 다만 경험적 가치는 감성 가치뿐만 아니라 합리성에 기초하는 기능 가치도 포함하므로 감성 가치와 밀접한 관련성을 가지는 감각적 경험에만 초점을 두어서는 안 된다. 따라서 기능 가치에 대한 인식을 높일 수 있는 커뮤니케이션 과정이 경험적 가치를 증대시킬 수 있는 수단이 될 것이다.

셋째, 브랜드 태도는 소비자 행복에 긍정적인 영향을 미치며 감각적 경험과 소비자 행복을 매개하는 것으로 나타났다. 브랜드에 대한 태도는 브랜드에 대한 정보 처리 과정을 거친 후 나타나는 결과이므로 프랜차이즈 매장의 이용 과정에서 유발되는 감각적 경험을 소비자가 좋게 평가할수록 브랜드 태도 또한 긍정적으로 형성될 수밖에 없다. 따라서 감각적 경험에서 브랜드 태도, 그리고 소비자 행복으로 이어지는 경로에서 브랜드 태도는 당연히 매개 역할을 하게 된다.

커피 전문점인 스타벅스는 후각, 패스트푸드 전문점인 맥도날드는 미각이 가장 중요한 감각적 요소일 것으로 예상됐지만 개별적인 브랜드 분석 결과 스타벅스와 맥도날드 두 브랜드 모두 중요도는 미각, 시각, 촉각, 후각, 청각 순으로 나타났다. 따라서 이러한 감각적 경험 요소의 중요도를 파악하고 각각의 요소에 변화를 줌으로써 소비자들의 브랜드 태도를 더욱 우호적으로 개선시킬 수 있는 여지가 있다는 것을 알 수 있다.

넷째, 브랜드 유형에 따라 직접효과의 차이를 분석한 결과, 스타벅스는 감각적 경험이 경험적 가치에 미치는 경로의 영향이 가장 높았고 그 다음으로는 경험적 가치가 소비자 행복에 미치는 영향이 높은 것으로 나타났다. 이러한 결과는 스타벅스의 경우 소비자가 매장에서 브랜드를 소비하면서 느끼는 가치 즉, 감각적인 브랜드 경험으로부터 얻는 가치인 브랜드 가치가 매우 크기 때문이다. 즉, 높은 가격임에도 불구하고 소비자는 그 정도 이상의 가치를 느끼므로 기꺼이 지갑을 열 수 있는 것이다. 예를 들어 소비자는 스타벅스 매장에서 커피만 구매하는 것이 아니라 매장에서 보내는 시간 동안 커피의 향을 맡거나 안락한 의자에서 좋아하는 음악 등을 들으면서 커피를 음미하고 친구와 정겨운 담화를 나누는 시간적 가치까지 모두 구매하는 것이다. 반면 맥도날드는 경험적 가치가 소비자 행복에 미치는 직접 영향이 가장 높았다. 이는 감성 가치보다는 기능 가치에 속하는 합리적 소비에 기인하는 것으로 판단된다. 즉 상품을 구매할 때 경제성을 인식하기 때문에 소비자는 행복감을 느끼는 것이다. 이는 두 브랜드의 마케팅 프로그램에서도 잘 나타난다. 스타벅스는 가격 프리미엄을 통한 고급화를 지향하는 반면, 맥도날드는 언제나 경쟁사 대비 경제적인 상품임을 강조한다.

또한 브랜드를 경험하는 과정에서의 감각적 요소는 스타벅스처럼 가격 프리미엄이 높은 브랜드에서 더욱 중요하게 작용한다. 반면, 맥도날드처럼 경제적 가격을 강조하는 브랜드는 경험적 가치 중 기능 가치에 초점을 맞추는 마케팅 정책이 필요하다. 스타벅스와 맥도날드 모두 경험적 가치가 소비자 행복에 미치는 직접적 영향이 높지만 스타벅스의 경우는 감각적 경험이 경험적 가치에 미치는 영향이 맥도날드에 비해 상대적으로 훨씬 높다. 프랜차이즈 브랜드가 지향하는 포지션에 따라 감각적 요소가 차지하는 비중과 경험 제공수단을 차별화해야 하는 이유다.

마지막으로, 브랜드 태도보다는 경험적 가치의 매개 역할이 소비자 행복에 더욱 중요하다는 점이다. 브랜드 태도가 소비자 행복에 미치는 영향은 전체 응답자뿐만 아니라 개별 브랜드를 대상으로 한 분석에서도 제일 낮았다. 더욱이 스타벅스의 경우는 브랜드 태도가 소비자 행복에 거의 영향을 미치지 못하는 것으로 나타났다.

마케팅 분야에서의 기존 연구들은 우호적 브랜드 태도가 구매 의사결정에 긍정적 영향을 미친다고 입증했지만 연구에서 다루고 있는 감성적 차원의 소비자 행복에는 그 영향력이 미미했다. 따라서 브랜드 커뮤니케이션에서 감성적 설득에 대한 비중이 점차 증대되고 있는 오늘날의 현실에서는 소비자가 상품이나 서비스를 사용하고 경험하면서 궁극적으로 지향하는 행복감에 직간접적인 영향을 미치는 선행변수들에 대한 발견이 중요함을 연구는 시사하고 있다.

즉 오감을 활용해서 브랜드를 커뮤니케이션할 때 자기다움에 대한 이해를 통해 차별화시켜야 한다. 이제 감각적 경험이 브랜드 차별화에 어떻게 기여할 수 있는지를 감각적 요소들의 사례를 통해 알아보자.

3 고객의 눈부터 압도하라

사람의 눈을 통해서 처리되는 정보들을 시각 자극이라고 한다. 소비자가 제품을 바라보는 순간, 눈은 제품의 크기, 컬러, 형태, 표면의 재질 등을 망막을 통해 받아들여 정보화해 뇌로 보낸다. 사람들이 눈을 통해 무엇을 보는지가 중요한 게 아니라 눈을 통해 본 것들이 어떤 생각과 느낌을 불러오는지를 이해하는 것이 중요하다. 다양한 시각적 요소를 디테일하게 활용함으로써 소비자에게 최상의 소비 경험을 제공할 수 있다.

물리적인 높이와 사회적 지위의 연결 관계는 브랜드 파워를 인식하는 데 많은 영향을 미친다. 소비자들은 프리미엄 브랜드 로고가 제품이나 패키지 상단에 있는 것을 더 자연스럽게 느낀다. 이와 반대로 중저가 브랜드의 경우 소비자들은 로고가 제품 혹은 패키지의 아래쪽에 있는 것을 더 자연스럽게 느낀다.[36] 실제로 럭셔리 브랜드들 중에는 자사의 로고를 의도적으로 건물 외벽 아주 높은 곳에 설치하는 경우가 많다. 먼 곳에서도 브랜드 로고를 보이게 하는 기능적인 역할도 있지만 높이를 통해 브랜드의 지위를 상징적으로 느끼게 하는 역할을 하기 때문이다.

무인양품의 천장이 높은 이유

캐나다 UBC대학교와 미국 미네소타대학교 연구자들은 대학생 참가자들을 대상으로 천장이 높거나 낮은 방에 데려다놓고 천장 높이가 참가자들의 행동에 미치는 영향을 연구했다.[37] 참가자들은 10가지 종류의 스포츠 종목 중 공통점을 최대한 많이 찾는 설문조사를 실시했다. 그 결과 천장이 높은 방에서 이 과제를 수행한 참가자들은 천장이 낮은 방에 있던 참가자들에 비해 스포츠 종목들 사이의 공통점을 더 많이 찾아냈다.

연구진들은 천장의 높이가 사람들의 사고방식에 영향을 미친 결과라고 밝혔다. 높은 천장이라는 환경이 사람들에게 자유로움이라는 개념을 상기시켰고 더 자유롭게 사고하도록 만들었기 때문이라는 것이다. 높은 천장의 환경에서는 관련이 없는 사물들 사이에서도 보다 많은 공통점을 찾아낼 수 있었다. 반면 낮은 천장의 환경은 사고의 폭을 제한했다. 각 사물들을 다르게 인식하지 못하거나 공통점을 잘 찾지 못했다. 즉 마케팅이나 브랜딩, 광고와 같이 창의성이 필요한 업무를 할 때, 천장이 높

도쿄 긴자거리의 미키모토 매장.

도쿄 긴자 지역의 무인양품 매장.

은 공간에서 일하는 것이 더 도움이 되는 느낌을 받는 이유다.

이러한 연구 결과를 응용해 생활용품 매장의 경우 높은 천장이 브랜드 관리에 도움이 될 수 있다. 이들 매장은 보통 서로 연관이 없어 보이는 제품들을 함께 전시해 판매한다. 무인양품 매장은 생활용품과 의류, 가구 등을 함께 판매하는데 소비자들 입장에서는 왜 이토록 다른 종류의 제품을 한곳에서 판매하는지 의아해할 수 있다. 브랜드의 정체성에도 혼란을 느낄 수 있다. 하지만 매장의 천장이 높다면 소비자들이 좀 더 능동적으로 제품들 사이의 관련성을 더 쉽게 찾아내고 하나의 일관된 브랜드 특징을 인식할 수도 있으므로 적극 활용할 필요가 있다.

빌바오의 구겐하임 미술관

스페인의 빌바오는 바스크 지방에 있는 도시다. 도시의 사람들은 자신들의 오랜 주력 산업이었던 철강업이 쇠퇴하면서 불경기를 겪게 되자 산업 요충지로서의 이미지를 되살리고 싶어 했다. 솔로몬 구겐하임 재단과 여러 해 동안 협상을 거친 끝에 도심 중앙의 넓은 지역에 다른 곳에서는 볼 수 없는 미술관을 짓기로 합의하고 미국의 혁신적인 건축가 프랭크 게리 Frank Ghary를 고용했다.

그는 수십만 개의 티타늄 패널로 박물관 건물을 덮은 아주 독특한 외관의 빌바오 구겐하임 미술관을 설계했다. 빌바오 구겐하임은 일약 유럽의 명소가 되어 많은 사람들이 이곳을 관람하기 위해 몰려들었

빌바오 구겐하임.

시드니 오페라하우스.

다. 유럽의 퇴색한 산업도시에 지나지 않았던 빌바오는 용기 있고, 참신하며, 독특한 모양의 매력적인 건물인 빌바오 구겐하임 미술관으로 변화를 맞이했다.[38] 이처럼 혁신적인 건축 구조물은 도시의 랜드마크가 될 수 있다.

오스트레일리아의 시드니에는 바람에 나부끼는 조개 모양의 오페라하우스가 항구의 해안을 장식하며 랜드마크로 자리잡고 있다. 건축가 요른 웃손 *JØrn Utzon*의 친환경적이고 획기적인 디자인과 외관 장식이 시드니를 대표하는 이미지가 된 것이다. 이곳은 연주회는 물론이고 사람들이 모일 수 있는 광장의 역할도 하며, 거리 연주가들이 광장에서 공연까지 할 수 있어서 시드니에서 가장 볼 만한 광경을 이루고 있다. 싱가포르의 예술의 전당이라 할 수 있는 에스플러네이드 *Esplanade*도 열대 과일의 황제라 불리는 두리안의 모양을 모티브로 설계한 건축물로 싱가포르 사람들에게 랜드마크로 여겨지고 있다. 이처럼 건물 외관의 독특한 시각적 요소는 도시를 알리고 건물을 차별화시키는 데 매우 중요한 역할을 한다.

조명으로 달라지는 제품의 이미지

새로운 변화에 대한 관심과 주의를 끌기 위해서는 시각적 요소가 가장 먼저 활용된다. 특히 조명은 제품의 본질적인 요소를 바꾸지 않고도 사람들의 이목을 끌기 위한 가장 효과적인 수단이다. 획일화된 조명

대신 다양한 단계별 조명을 활용해서 서비스 현장의 여러 구역을 차별화하면 주목도를 높일 수 있다. 또 조명을 활용해 특정 브랜드나 서비스 현장에서 제품을 강조한다. 조명과 색상을 함께 활용할 경우 소비자들의 브랜드에 대한 이미지를 한층 더 강화시킨다. 같은 공간이라도 조명을 어둡게 하느냐 밝게 하느냐에 따라, 조명을 끄느냐 켜느냐에 따라, 백색 조명을 쓰느냐 색채 조명을 쓰느냐에 따라 얼마든지 다른 연출이 가능하다.

스웨덴 스포츠용품 매장인 '스타디움 XXL'은 다양한 조명을 활용한다. 계절에 따라 봄이면 초록색 조명을 활용하고, 가을에는 노란색을 활용한다. 독일의 식품유통업체인 리들LIDL은 소비자들에게 자신들의 저가 제품을 홍보하는 차원에서 덮개를 씌우지 않은 가느다란 형광등만을 활용한다. 조명을 활용해 매장에 있는 제품의 색상에 변화를 줄 수도 있는데 매장의 바닥이나 벽에 사용하는 조명과 제품에 사용하는 조명을 달리하기도 한다.

식품의 경우 육류 매장에는 색온도가 낮은 빨간색 조명을 활용한다. 색온도가 낮으면 따뜻한 빛을, 반대로 색온도가 높으면 차가운 빛을 낸다. 따라서 색온도가 높은 차가운 조명은 밝은 색상의 제품을 강조하는 데 유리하며 색온도가 낮은 따뜻한 조명은 따뜻한 색상의 제품을 강조하는 데 유리하다. 미국 식품업체 홀푸즈마켓Wholefoods Market의 생선 매장에서는 육류 매장에 비해 차가운 조명을 활용하고 있다. 과일이나 채소 코너에서는 토마토의 빛깔이 선명하지 못하거나 회색빛으로 보여서는 안 되기 때문에 조명을 잘 활용해야 한다.[39] 조명도 다르게 보는 눈이 필요하다.

조명에 따라 제품이나 매장의 크기가 달라 보이게 할 수도 있다. 스웨덴 인화이트_InWhite_의 조명 디자이너인 율리아 엥베리_Julia Engberg_는 "조명의 위치에 따라 어떤 매장이나 제품의 크기에 대한 인식이 달라진다. 천장 맨 윗부분과 매장 뒤쪽에 동시에 조명을 설치할 경우 공간을 더 깊고 높게 연출할 수 있다. 그리고 매장의 형태에 적합하게 조명을 계획해야 한다"고 말했다.

뉴비틀과 인스타, 토블론과 허쉬

또 다른 시각적 표현 방식으로는 제품의 외관 디자인이 있다. 폭스바겐의 뉴비틀_New Beetle_은 미국 시장 진출 시 TV 광고를 하지 않고도 인기를 끌 수 있었다. 바로 독특한 외관 덕분이었다. 동그란 딱정벌레처럼 생긴 뉴비틀이 도로를 달리면 주위 사람들의 시선을 끌었다. 특히 여성 고객들의 관심을 끄는 데 성공하며 한 번쯤 타보고 싶은 충동을 느끼게 만들었다. 그 덕분에 뉴비틀은 광고 없이 입소문만으로 높은 매출을 올릴 수 있었고, 브랜드의 차별화를 성공적으로 이뤄냈다.

최근에는 인스타그램_Instagram_이 사람들의 소통 창구이자 소비 패턴의 현주소를 알려주는 척도로 급상승하면서 이른바 '인스타 카페', '인스타 레스토랑'이 자연스럽게 입소문을 이끌고 있다. 인스타의 핵심이 바로 시각적 요소다. 거기에 인스타그램이라는 소셜 미디어의 특성상 주변 사람들의 자연스러운 참여를 불러일으키며 새로운 문화를 만들어내기도 했다.

소위 '인싸'(인사이더의 줄임말로 아웃사이더의 반대말인 신조어. 자신이 소속된 집단이나 트렌드에 적극 어울려 지내는 사람을 뜻한다.)가 되려면 인스타 카페나 인스타 레스토랑을 방문해서 사진을 올려야만 한다. 이렇게 독특한 시각적 요소를 지닌 카페와 레스토랑을 찾아 돌아다니고 이를 인스타그램에 올리면 사진을 본 사람들도 인싸 대열에 합류하기 위해 그 카페나 레스토랑을 방문해 기록을 남기는 것을 즐기는 시대다. 인스타그램의 활성화는 자기다움을 표현하는 시각적 요소의 중요성을 더욱 강화함으로써 브랜드를 인지시키고 차별화시키기 위해 시각적 요소를 어떻게 활용하는 게 좋을지 생각하게 만든다.

제품의 모양은 브랜드를 시각적으로 보여주는 요소이기도 하다. 시어도어 토블러Theodor Tobler가 디자인한 토블론 초콜릿 바의 삼각형 모양은 초콜릿의 맛보다 더 부각됐다. 그는 초콜릿 바의 모양을 알프스 산맥의 고봉인 마테호른산의 모양으로 만들어 국민적인 관심을 모으려고 했다. 경쟁사가 모방하지 못하도록 제조 과정에 관한 특허를 출원했고 토블론은 세계 최초로 특허 받은 초콜릿 브랜드가 됐다.

시어도어 토블러가 초콜릿 바 모양으로 특허를 받은 지 17년이 지난 후, 밀턴 허쉬Milton Snavely Hershey 역시 허쉬 키세스를 특허로 등록했고, 종 모양으로 싸인 초콜릿은 하나의 문화적인 아이콘이 됐다. 펜실베

동그란 딱정벌레 같은 외관으로 입소문을 탄 뉴비틀.

종 모양으로 싸인 초콜릿으로 문화적 아이콘이 된 허쉬 키세스.

세계 최초로 특허 받은 초콜릿 브랜드가 된 토블론.

이니아주의 허쉬 생산 라인에서는 매일 2,500만 개의 키세스가 만들어진다. 이곳은 '세상에서 가장 달콤한 곳'이라는 별명을 얻었고 아예 도시 이름이 허쉬가 됐다. 심지어 주변의 가로등들도 허쉬 키세스 모양으로 만들어진 허쉬 공원은 도시의 중요한 명소 가운데 하나로 항상 즐거움을 준다. 허쉬 별장에서 회의를 개최할 수도 있고 허쉬 호텔에서 머물면서 코코아 거품 목욕을 즐기고 초콜릿 퐁듀로 감싸는 치료 목적의 스파에서 만족감을 느낄 수도 있다.[40] 이처럼 제품의 모양은 자기다움을 잘 표현하고 남과 다른 차이를 만들어 브랜드를 인지시키고 차별화시키는데 중요한 역할을 한다.

이케아는 왜 쇼핑카트 소리를 녹음했을까

4

시각적 요소는 1000분의 180초 만에 인지되는 반면, 청각적 요소는 1000분의 140초로 더 빨리 인지되고 머릿속에 오래 남는다는 연구 결과가 있다.[41] 이처럼 청각적 요소는 브랜드를 알리고 차별화시키기 위해 꼭 활용해야 할 감각적 요소다. 청각적 요소는 시각적 자극 다음으로 소비자에게 가장 많이 노출되는 감각 자극이다. 소비자는 제품을 구매하기 전에 TV나 라디오에서 흘러나오는 징글이나 CM과 같은 다양한 청각 자극에 노출된다. 또한 매장 안에서는 음악에 노출되며 제품을 사용할 때는 제품 자체가 만들어내는 본연의 소리에 노출된다. 이런 다양한 소리들은 자기다움을 표현해 소비자들에게 브랜드를 인지시키고 차별화시키는 역할을 한다. 소리를 다르게 보는 눈이 필요하다.

음악은 감정을 유발시킬 때 매우 효과적이다. 신나는 음악을 들으면 기분이 좋아지고 슬픈 음악을 들으면 마음이 슬퍼지기도 한다. 사람의 감정을 연구하는 심리학자들은 실험에서 특정 감정 상태, 즉 기쁨, 행복, 슬픔 등을 연구하기 위한 방법으로 참가자들에게 음악을 들려준다.

매장에 흐르는 음악

만약 소비자들이 음악을 통해 좋은 감정을 경험하는 순간 어떤 제품이나 브랜드에 노출된다면 소비자가 느낀 좋은 감정은 그 제품 혹은 브랜드로 전이될 가능성이 높다. 사람들이 TV 광고에서 자기가 좋아하는 신나는 음악을 들었을 때 그 광고 속에 등장한 제품이나 브랜드를 보면 기분이 좋아지는 이유가 바로 이 때문이다. 미국 남서부 지역의 한 슈퍼마켓에서 진행된 연구에서 연구자들은 하루는 빠른 음악을, 하루는 느린 음악을 재생하는 방식으로 음악의 템포가 소비자 행동에 미치는 영향을 9주 동안 관찰했다.[42]

이 연구의 목적은 매장 안에서 음악이 소비자들의 걷는 속도에 미치는 영향을 알아보는 한편, 음악이 매출에 미치는 영향을 확인하기 위한 것이었다. 실험 결과 소비자들은 매장 안에 느린 음악이 나올 때 매장 안을 더 천천히 걸어 다닌 것으로 나타났다. 그 결과 느린 음악이 나올 때 슈퍼마켓은 매출이 38.2%나 증가했다.

슈퍼마켓의 경우 체류 시간이 길어지면 길어질수록 구매량도 증가하는 경향이 있는 것으로 나타났다. 식품이나 생활용품의 경우에는 가격이 상대적으로 저렴하므로 소비자들은 마음에 드는 제품이 눈에 들어오면 계획에 없더라도 쉽게 구입하곤 한다. 이런 매장들이라면 소비자가 매장 안에 최대한 오래 머무르게 하면 매출에 도움이 될 수 있다.

그러나 의류나 액세서리 등 가격이 비싼 패션 상품은 오래 머문다고 해서 더 많이 구매하지는 않는다. 상대적으로 고가이기 때문에 구매결정을 내리기 전에 많은 생각을 하기 때문이다. 이때 소비자들이 구매결정을 다음으로 미루지 말고 그 자리에서 내리도록 만들기 위해서는 빠른 템포의 음악이 효과적일 수 있다.

자동차 문 닫히는 소리와 쓰레기 버리는 소리

소리는 제품을 고급스럽게 느끼게 하는 데에도 활용된다. 자동차 문을 떠올려보자. 문이 닫힐 때 빈 깡통소리가 나는 자동차를 사려는 마음이 들까? 문이 닫히는 소리는 생각보다 훨씬 더 중요하다.

20세기 중반에 일본인들은 고품질의 자동차를 생산하기 위해 다양한 노력을 기울였다. 이들은 '브랜드화된 자동차 소리'를 다루는 책임 부서를 최초로 만들었다. 혼다의 기술자들은 문이 닫힐 때 나는 울림소리를 줄이기 위해 문틀 디자인을 견고하게 만들었다. 또한 의도적으로 '고급스러운 느낌의' 소리를 내기 위해 문의 떨림이 적게 전달되는 특수 범핑 도어 잠금장치를 설계했다.[43]

기업의 사회적 책임이 강조되고 있는 시점에서 소리를 활용해 사회공헌 활동을 전개한 사례도 있다. 폭스바겐은 '세상에서 가장 깊은 쓰레기통 The World's deepest bin' 캠페인을 벌였다. 쓰레기통에 센서와 스피커를 부착해서 누군가 공원 주변에 있는 쓰레기를 쓰레기통에 버릴 경우 '피유우우~' 하는 소리를 재생한 것이다. 이는 마치 아주 깊은 곳으로 쓰레기가 떨어지는 듯한 착각을 일으켰다. 소리가 나는 신기한 쓰레기통 덕분에 사람들은 더 많은 관심을 가졌고, 길바닥이 아닌 쓰레기통에 쓰레기를 버리기 시작했다. 하루 동안 쓰레기통에 버려진 쓰레기가 총 72kg에 달했다. 이는 평소보다 41kg이나 많은 양이었다. 다르게 보는 눈에 의해 탄생한 소리 나는 쓰레기통 캠페인은 폭스바겐다움으로 표현되어 기업 이미지를 재미있고 친환경적이며 긍정적으로 구축할 수 있었다.

이케아의 쇼핑카트 보관소, 스타벅스의 매장음악

이케아는 소리를 활용해 직원들의 고충을 해결한 사례가 있다. 보통 주차장에서는 쇼핑 카트를 두는 장소를 안내하기 위해 화살표와 같은 시각적 표현을 사용한다. 하지만 많은 고객이 쇼핑 카트를 그냥 주차장에 방치하고 가는 경우가 많았다. 그 많은 쇼핑 카트를 직원들이 치워야 하는 바람에 고충이 이만저만 아니었다. 이를 해결하기 위해 이케아는 소리를 활용했다. 쇼핑 카트를 두는 장소 인근에서 카트끼리 서로 부딪

히는 소리를 틀어놓은 것이다. 그러자 고객들은 그 소리를 듣고 카트 보관 장소의 위치를 인지하게 됐고, 그곳으로 카트를 가져다 놓기 시작했다. 시각적인 요소의 부족한 부분을 보완하기 위해 청각적인 요소를 함께 활용하면 시너지 효과를 기대할 수 있다는 것을 잘 보여준 사례다.

미국의 교육학자 에드거 데일 Edgar Dale의 경험 모델 cone of experience에 따르면 청각으로 메시지를 전달받은 사람들은 시간이 흐른 뒤 메시지의 약 20%만을 기억했고, 시각으로 전달받은 경우 약 30%를 기억했다고 한다. 그러나 시각과 청각을 동시에 이용해 메시지를 받은 사람들은 50% 이상의 내용을 기억해냈다. 동일한 메시지라 하더라도 두 가지 이상의 감각을 통해 전달하면 효과가 증폭될 수 있다는 것을 시사한다.[44]

매장 안의 소리는 브랜드를 인지시키고 브랜드의 이미지를 형성하는 데 많은 역할을 한다. 실제로 스타벅스는 고객들에게 즐거운 추억을 만들어주기 위해 다차원적 감각을 반복적으로 느끼도록 하는 데 관심을 쏟고 있다.

스타벅스는 자신들의 모든 체험 요소들이 다른 커피 프랜차이즈 브랜드들과 차별화되도록 은밀하고 로맨틱한 분위기를 만드는 것이 목표다. 스타벅스 매장에 들어가면 먼저 인테리어가 눈에 들어오고 귀로는 커피 내리는 소리를 듣게 된다.

조명은 아늑한 분위기를 유지하기 위해 차분하게 구성하고, 의자와 바닥은 약간 낡은 듯한 재질로 만들어서 안락하고 집에 있는 듯한 느낌을 준다. 눈을 즐겁게 만들어주는 바리스타는 친절하다.

탭이 부딪치는 소리, 라떼를 만들기 위해 우유에 거품을 만드는 소리처럼 다양한 소리를 들으며 커피가 만들어지고 있다는 것을 느낄 수 있다. 마음을 달래주는 음악은 세련되고 고급스러운 배경과 잘 어울린다.

또한 고객들에게 진동벨을 나눠주는 대신 주문자의 이름 또는 닉네임을 불러 나만을 위한 커피가 완성됐다는 걸 알림으로써 커피가 더 맛있을 거라고 느끼게 해준다. 이것이 스타벅스다움이며 스타벅스를 다른 커피 프랜차이즈 브랜드들과 차별화시키는 요소들이다.

스타벅스가 추구하는 또 하나의 차별화된 청각적 요소는 매장 안의 음악이다. 나의 지인 중 한 명은 해외여행을 가면 꼭 그 지역의 스타벅스 매장을 방문한다고 한다. 어느 매장을 가더라도 같은 분위기의 음악을 들으며 안정감을 느끼기 때문이라고 한다.

소비자를 둘러싼 모든 종류의 소리는 브랜드 경험에 영향을 미치기 때문에 소리를 조절해서 유쾌한 청각 경험을 만드는 일은 무척 중요하다. 이를 위해서는 어떤 소리를 추가할 것인지 또는 어떤 소리를 제거해야 할지를 이해해야 한다. 이처럼 청각적인 요소는 자기다움을 표현하는 감각 요소 중 하나로 브랜드를 인지시키고 경쟁자들과 차별화시키는 데 매우 중요한 역할을 하고 있다.

5

향기는 기억보다 오래 남는다

헬렌 켈러 *Helen Keller*는 "향기는 수천 마일 떨어져 있어도 전달되고, 평생 인간에게 강력한 마법이 된다"고 말했다. 인간의 후각 시스템은 매일 자신을 둘러싸고 있는 수많은 향기를 식별해낸다. 향은 감각, 기억, 연상, 상상을 불러일으킨다. 향기는 우리가 알고 있는 것보다 실제로는 더 많은 영향을 미친다. 따라서 자기다움을 표현하는 데 있어 다르게 보는 눈으로 차별화된 향기를 적용해야 한다.

지구상에 존재하는 대략 10만 개 정도의 향 가운데 1천 개 정도는 기본적인 향으로 분류되고 또 여러 종류의 향은 서로 조화를 이루기도 한다. 기본적인 향은 사람들의 기분과 행동에 영향을 미친다. 사람들은 다양한 요인들로 인해 향기를 각각 다르게 인식한다. 나이, 성별, 인종과 같은 몇 가지 매개 변수들이 개입하기 때문이다.

향에 각인된 개인의 기억

시카고의 후각미각치료연구재단 Smell Taste Treatment and Research Foundation의 신경학자 앨런 허시 Alan Hirsch 박사는 연구를 통해 소비자가 어떤 향을 맡을 때 고향을 그리워하는지를 알아냈다. 그는 1930년 이전에 태어난 사람들과 이후에 태어난 사람들 사이의 차이점을 발견했다. 1930년 이전에 태어난 사람들은 소나무, 건초, 말, 목초지와 같은 자연의 향을 맡았을 때 고향을 그리워한 반면, 이후에 태어난 사람들은 도우, 마커펜, 베이비파우더 같은 인공적인 향을 맡았을 때 반응했다.

또 1960년 이전에 태어난 사람과 이후에 태어난 사람들은 방금 자른 풀 향기에 다르게 반응했다. 1960년 이전에 태어난 사람들은 풀 향기를 좋아했지만 이후에 태어난 사람들은 풀 향기를 맡으면서 '잔디를 깎아야만 하는 불쾌한 필요성'을 떠올렸다. 미국에서는 86%나 되는 소비자들이 새 차 향기를 재빨리 알아차린다. 그에 반해 유럽 사람들은 단지 69%만이 알아차릴 뿐이다.[45] 이처럼 연령대나 지역에 따라서도 후각에 대한 반응은 다를 수 있다.

후각은 소득 수준에 따라서도 경험의 편차가 크며 그만큼 기억과 반응에 영향을 많이 받는 감각이다. 호텔에서는 각자 고유의 향을 개발해 사용하거나 판매하고 있다. 의류, 액세서리 매장, 백화점도 매장 안을 매력적인 향으로 채우기 위해 노력한다. 기업뿐만 아니라 개인 소비자들 사이에서도 향초나 디퓨저와 같은 실내 향에 대한 소비가 크게 증가하고 있다.

향은 시각적 요소나 청각적 요소보다 기억을 불러오는 힘이 강하다. 향이 불러오는 기억은 보다 생생하고 강한 정서 반응을 불러일으킨다.[46] 또 좋은 경험뿐만 아니라 안 좋은 경험과도 강하게 연결된다. 미국 브라운대학교의 연구팀은 대학생 참가자들이 처음 맡아보는 좋은 향을 뿌린 방에서 컴퓨터 게임을 하는 실험을 실시했다. 게임은 여러 개의 모자 중에서 어떤 모자에 동전이 들어가 있는지를 맞추는 방식으로 진행됐다. 참가자들은 3천 원 정도를 가지고 게임을 시작하는데 모든 참가자들이 결국은 가진 돈을 모두 잃도록 프로그램돼 있었다.

게임을 마치고 참가자들은 어떤 향도 나지 않은 곳에서 20분간 휴식을 취한 후 새로운 방으로 안내됐다. 이들은 새로운 방에서 어렵지는 않지만 많은 인내력이 필요한 단어 퍼즐을 풀었다. 이때 참가자의 3분의 1은 돈을 모두 잃은 게임을 하던 방에서 나던 것과 똑같은 향이 나는 방에서 퍼즐을 풀었고, 3분의 1은 새로운 향이 나는 방에서 퍼즐을 풀었다. 나머지 3분의 1은 어떤 향도 나지 않는 곳에서 퍼즐을 풀었다.

그 결과 새로운 향이 나거나 향이 없는 방에 있던 참가자들에 비해 앞서 컴퓨터 게임을 하던 방에서 나던 향과 동일한 향을 다시 맡은 참가자들은 같은 단어 퍼즐을 푸는 데도 훨씬 오랜 시간이 걸렸다. 이러한 결과가 나온 이유는 컴퓨터 게임에서 돈을 모두 잃은 좌절감이 그 방에서 나던 향과 강하게 결합돼 나중에 향을 맡기만 하더라도 좌절감을 느끼기 때문이다. 결국 향과 연관된 안 좋은 기억 때문에 난이도가 높지 않은 퍼즐임에도 불구하고 참가자들은 퍼즐 푸는 것을 쉽게 포기한 것이다. 이처럼 향은 경험과 강하게 결합돼 시간이 지나서도 경험 그리고 경험과 관련된 감정을 되살리는 강력한 도구로 작용한다.[47]

이 연구 결과를 통해 알 수 있듯이 기업의 마케팅 활동에 향이 무조건 도움이 되는 것만은 아니라는 사실을 기억해야 한다. 단순히 다른 게 중요한 것이 아니라 의미 있게 달라야 한다. 차별이 아닌 차별화를 이루어야 한다. 브랜드 고유의 향을 개발하고 실내 공간에 사용했다고 하더라도 소비자가 그 향을 맡으면서 좋지 않은 경험을 했다면 소비자들은 나중에 그 향만 맡아도 거부 반응을 일으킬 수 있기 때문이다. 따라서 향과 연관되는 소비자의 경험을 잘 고려해서 향을 사용하는 것이 중요하다.[48]

향이 구매에 미치는 영향

향이 소비자의 구매 행동에 영향을 미친다는 결과를 제시한 실험도 있다. 나이키는 똑같은 조건의 방에 향이라는 변수만을 달리한 러닝화 매장을 마련해 실험을 실시했다. 한쪽 방에는 혼합된 꽃향기를 뿌리고 다른 방에는 아무런 향도 넣지 않았다. 소비자들은 아무런 향도 넣지 않은 방보다 혼합된 꽃향기를 뿌린 방에서 러닝화 선호도가 84%나 높았다. 그리고 향이 없는 방의 러닝화보다 향이 있는 방의 러닝화의 가치를 평균 10.33달러(한화 1만 2천 원) 더 높이 평가했다.[49]

향기	분위기
바닐라향	편안한, 안정된
오렌지향	정화되고 신선한
시나몬향	활기차고 신선한
페퍼민트향	활기를 북돋아주는
숲향	활기찬
장미향	잔잔한, 차분한
유칼리투스향	활기찬
레몬향	활기차고 신선한
라벤더향	차분하고 안정된

특별한 향기가 연출하는 분위기
(Branding Your Business, James Hammond, Kogan Page, p142.)

또 미국의 한 백화점에서는 백화점 매장 안에 여성이 좋아하는 향과 남성이 좋아하는 향을 서로 바꿔서 뿌렸을 때의 소비자 반응을 테스트했다. 일반적으로 남성은 로즈 마로크 향을 선호하는 편이고 여성은 바닐라 향을 선호하는 편이다. 매장 안의 다른 조건을 똑같이 준비하고 남성 매장에는 여자가 선호하는 향, 여성 매장에는 남자가 선호하는 향을 주입하자 소비자들이 매장 안에 머무르는 시간이 짧아졌다. 매장의 향으로 인해 소비자가 매장에 머무르는 시간이 짧아졌다고 볼 수 있고 따라서 구매에 영향을 미칠 수 있다는 것을 보여준 결과였다.

매장 안에 머무르는 시간에 비례해 구매 확률이 높아지고 낮아지는 것을 감안할 때 이 실험은 후각적 요소가 소비자들이 매장에 머무는 시간과 구매에 어떤 영향을 미칠 수 있는지를 보여준다. 위의 표는 어떤 향기가 심리적으로 어떻게 영향을 줄 수 있는지 보여준다.

과거의 영광을 재현하는 향수

1965년, 럭셔리 자동차 브랜드인 롤스로이스는 1955년에 출시된 롤스로이스 실버 클라우드ROLLS-ROYCE SILVER CLOUD의 독특한 향을 재현하기 위해 수천 만 달러를 투자했다. 그 향은 세계 최고급 브랜드의 위치를 유지하기 위해 없어서는 안 될 구성 요소 중 하나였다. 롤스로이스의 새 모델들이 걸출한 이전 모델에 부응하지 못한 점 때문에 비판을 받기는 했지만, 새 모델과 이전 모델 사이에 가장 분명한 차이는 바로 향이었다.

이전의 롤스로이스의 인테리어는 나무, 가죽, 삼베, 울과 같은 천연물질의 향이 났다. 현대에 이르자 안전 규정과 제조 기술의 발달로 인해 이런 물질들은 대부분 더 이상 사용되지 않고 발포류나 플라스틱으로 대체됐다. 기존의 천연 물질이 선사하는 느낌을 충실하게 재현하기 위해서는 인공적인 대안이 필요했다. 롤스로이스는 향을 세밀히 분석해 각각의 재료에서 나는 고유한 향을 찾아냈다. 이를 통해 화학적인 설계도를 정확히 만들었고 모두 800개나 되는 요소들을 발견해냈다.[50]

마호가니나 가죽 같은 천연 물질에서 나는 것이라고 생각했던 향 중에 상당한 부분이 사실은 기름, 도료, 가솔린, 펠트와 같은 것들에서 나는 향이라는 사실도 밝혀졌다. 이런 분석 결과를 토대로 롤스로이스는 자신만의 향을 만들었다.

롤스로이스는 공장에서 자동차를 출시하기 전에 클래식 롤스로이스 향을 재현한 독특한 향을 자동차 좌석 안쪽에 주입했다. 롤스로이스가 고급 브랜드로서의 이미지를 유지하고 자기다움을 표현하기 위해 후각적인 요소를 얼마나 중시했는지를 알 수 있는 대목이다.

매장의 분위기를 연출하는 향

향은 매장 안의 분위기 연출에도 매우 중요한 역할을 한다. 스타벅스는 디저트나 샌드위치 같은 먹거리를 함께 판매하면서 수많은 시행착오를 겪었다. 바로 음식의 향 때문이다. 커피숍에서 풍기는 향은 단연코 커피향이 중심이 돼야 한다. 그런데 음식들을 오븐이나 전자레인지에 돌려 제공하다 보니 이들의 향이 너무 강해서 커피향이 오히려 밀려난다는 문제점이 생겼다. 이후 스타벅스는 향이 덜 나는 음식 재료들로 교체해야 했다.

언젠가 건국대 병원에 방문했을 때 로비에서 바닐라 향을 맡은 적이 있다. 병원 로비에서 전혀 맡을 수 없을 것 같은 향이어서 나도 모르게 향에 이끌려 발길을 옮겼다. 바닐라 향에 이끌려 간 곳은 다름 아닌 '엔제리너스' 커피숍이었다. 매장의 직원에게 커피향이 아닌 것 같은데 어떤 향인지 묻자 매장 안 모퉁이에 설치된 센트온의 '센트에어'라는 기구를 가리켰다. 가까이 가보니 기계 안에서는 팬이 돌아가고 있었고, 팬을 통해 자연스런 향이 퍼져나가고 있었다. 화장실에 설치돼 일정한 시간마다 향을 뿌리는 방향 장치는 왠지 인위적인 향이라는 생각에 긍정적이지 않았는데 센트온의 '센트에어'는 자연의 향처럼 자연스럽게 번져나가 매우 긍정적인 느낌을 주었다.

숲을 거니는듯한 향을 맡으며 책을 읽을 수 있도록 한 교보문고 책향.

럭셔리 호텔 중 하나인 더 플라자 호텔도 독자적인 시그니처 향을 개발해 호텔 전 지역과 직원들의 향수로 사용한다. 매장에서 사용하는 것과 동일한 향을 내는 'P-컬렉션 퍼퓸 데 부아'와 디퓨저 세트도 구매할 수 있어 고객들은 집으로 돌아가서도 투숙했던 호텔을 다시 떠올릴 수 있다. 호텔로서는 재방문하고 싶은 마음을 고객들에게 유발시킬 수 있다.

교보문고 책향

교보문고도 고유한 향을 선보이고 있다. 오프라인 서점은 공간을 가지고 있기 때문에 오감을 자극하는 감각적 요소들을 활용하기에 더없이 좋은 환경이다. 교보문고는 출판업계 최초로 후각적인 요소를 활용해 긍정적인 반응을 얻고 있다. 보통 향기 마케팅은 호텔이나 일부 프리미엄 브랜드에서 시그니처 향을 개발해 활용하는 것으로 알려져 있었다. 하지만 대중적인 이미지의 교보문고도 자신만의 시그니처 향을 만들어 고객 경험을 통한 브랜드 차별화를 시도했다.

'책향 The Scent of Page'이라는 이름으로 불리는 교보문고의 향은 시트러스, 피톤치드, 천연 소나무 오일, 허브를 고유한 방식으로 조향한 제품이다. 그 덕분에 방문객들은 매장에 들어오면 울창한 나무숲을 거니는 듯한 향을 맡으며 책을 읽고 편안한 느낌 속에서 서점을 둘러볼 수 있다. 교보문고는 2014년 말부터 매장을 찾는 고객들에게 독서의 즐거움을 더

해주고 매장 안에서의 경험을 오래 기억하도록 향을 이용하자는 아이디어에서 향 개발에 착수했다. 2015년부터 일부 교보문고 매장에서 시범적으로 향기 서비스를 제공하기 시작했고, 고객들의 반응을 토대로 수십 차례 향의 배합 비율과 강약을 조절한 끝에 지금의 향기를 만들어냈다.

이후 매장을 찾은 고객들은 "교보문고 매장에서 맡은 독특한 향기가 무엇이냐"고 물으며 구입 가능 여부를 고객센터와 매장에 지속적으로 문의했다고 한다. 소셜 미디어에서도 '교보문고 향기', '교보문고 향 구입처'와 같은 키워드를 검색하는 사람들이 많았다. 2017년 10월, 교보문고는 분당점을 오픈하면서 '책향'을 디퓨저, 캔들 등으로 상품화하고 200여 개 한정 수량으로 판매했다.[51]

개인적으로도 교보문고에 들렀다가 좋은 향기 때문에 기분 좋게 서점을 돌아다닌 경험이 있다. 최근에는 한 지인이 책향을 선물해주어서 집 안 서재에 두고 사용하는 중이고, 마치 숲속에서 독서하는 기분을 느끼며 향기 마케팅의 실제 사례를 톡톡히 경험하고 있다.

건물 내부 향기 및 병원 내부 향기 마케팅

이러한 향기 마케팅은 이제 상업적인 공간을 넘어 건물의 로비나 병원 같은 곳에서도 쉽게 접할 수 있다. 서울 2호선 을지로입구역에서 지하도로 이어지는 건물 중에 '센터원'이라 불리는 미래에셋증권사의 건물이 있다. 이곳에서도 로비에 들어서자마자 기분 좋은 향기를 맡을 수 있다. 이와 같이 건물 자체에서 향기 마케팅을 활용한다면 입주사 직원들과 방문객들이 건물에 대해 느끼는 이미지에 긍정적인 영향을 미칠 수 있다.

또 병원에서 향을 활용한 사례로 환자의 건강과 웰빙을 촉진하는 환경을 조성한 미국 플로리다 병원의 시사이드 센터가 있다. 이곳에서는 환자들에게 후각 체험을 제공하기 위해 바다, 코코넛, 바닐라 향을 순환시키는 장치를 사용하고 있다. 특히 방사선과에서는 환자들이 폐소공포증을 덜 겪도록 바닐라향을 맡을 수 있게 배려하고 있다.

이 병원이 향기 장치를 선택한 이유는 엑스레이 촬영을 기다리는 환자들의 예약 취소율을 줄이기 위해서였다. 향을 활용해 활기차고 상쾌한 분위기를 만들면 환자들이 긴장감 없이 편안한 상태에서 진료를 받을 수 있다고 판단한 결과다.[52] 이처럼 향은 환자들의 심리에도 영향을 미쳐 긍정적인 역할을 할 수 있으며, 병원 서비스의 차별화를 이루는 데에도 중요한 역할을 한다.

후각 요소를 전달하는 온라인 서비스 및 제품

후각 요소의 활용은 오프라인 매장에서만 그치지 않는다. 트라이센스$_{Trisenx}$ 사에서 만든 '센트돔$_{The\ Scent\ Dome}$'은 온라인을 통해서도 향을 전달할 수 있는 장비다. 컴퓨터에 연결해 사용하는 장치를 통해 이메일이나 전자책, 웹사이트, 심지어 파워포인트 프레젠테이션을 할 때 특정한 페이지에서 향을 방출할 수 있다. 상대방에게 이메일을 보낼 때에도 아로마 파일을 첨부해서 보낼 경우 상대방의 센트돔 장비에서 향이 뿌려진다.

또 향으로 잠을 깨우는 '올팩토리 알람시계 The Olfactory Alarm Clock'의 제품도 대표적이다. 이 시계는 향을 먼저 배출하고 3분 후에 멜로디를 울려 사용자를 깨운다. 2015년 프랑스에서 킥스타터 펀딩으로 시작된 이 제품의 브랜드는 '센서웨이크 Sensorwake'라고 부른다. 먼저 사용자가 알람을 맞추고 잠이 들면 설정한 시간에 맞춰 사용자가 선택한 향을 내보내 잠을 깨우는 방식이다. 기본적으로 6가지 향(바다 향, 크로와상 향, 에스프레소 향, 토스트 향, 초콜릿 향, 잔디 향, 페퍼민트 향, 돈 향)이 각각 향기 팩에 들어 있기 때문에 팩만 교체하면 사용자가 원하는 향으로 자유롭게 바꿀 수 있다. 모든 향과 캡슐은 스위스의 향료 제조사인 지보단 Givaudan에서 생산된 것으로, 최고 수준의 품질을 유지하며, 국제향료협회와 EU의 화학물질 관리 제도를 준수하는 안전한 향료만을 사용하기 때문에 안심하고 사용할 수 있다. 이처럼 향기 관련 시장의 성장과 함께 후각적 요소를 활용한 다양한 제품이 자기다움을 표현하며 브랜드를 차별화시키는 데 중요한 역할을 하고 있다.

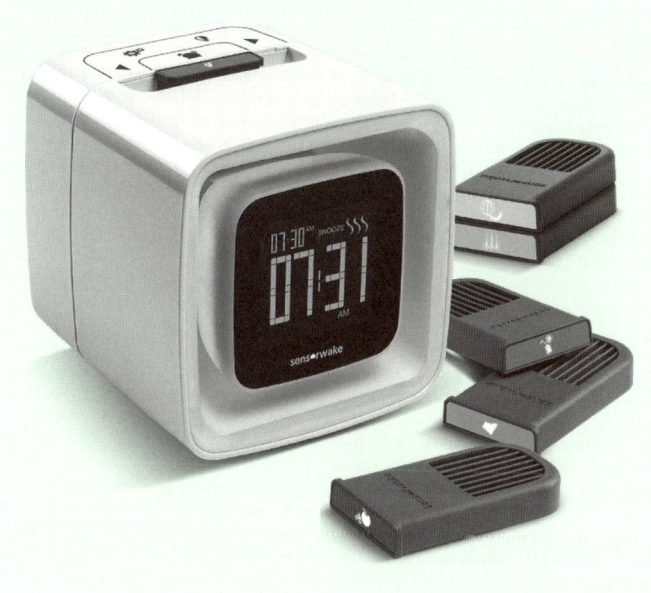

사용자가 선택한 향을 내보내 잠을 깨우는 '센서웨이크'.

6

백 마디 말보다
한 번의 터치

브랜드의 촉각적 요소는 고객들이 어떤 제품이나 브랜드를 직접 혹은 가상으로 접촉함으로써 그에 대한 느낌이나 정보가 전달되는 상태를 만들어준다. 촉각 마케팅은 사람과 브랜드 사이에 신체적이고 심리적인 상호작용을 증대시키려는 목적을 위해 사람의 촉각 인식과 촉각 체험에 기반을 둔 활동을 말한다.[53] 촉각적 요소 역시 브랜드의 정체성과 가치를 표현하고 브랜드를 차별화시키기 위한 감각적 요소 중 하나다.

촉각에 따른 소비자의 인식 차이

촉각은 소비자들이 제품 자체와 품질을 인식하게 만들 때 중요한 역할을 한다. 특히 자동차, 패션의류, 식품, 전자제품의 경우 제품의 물리적인 느낌이 그 제품을 선택할 때 중대한 영향을 미친다. 또한 서비스의 소비에도 영향을 미친다. 예를 들어 새로운 진공청소기를 구매하는 과정 또는 장거리 택시나 버스 여행을 선택하는 과정에서 촉각 체험은 개인의 감각 체험에 결정적인 영향력을 미친다. 누군가를 처음 만날 때 악수를 나눔으로써 신뢰감을 구축하는 것과 비슷한 이치다. 브랜드 마케팅에 있어서도 소비자들이 직접 옷을 만지고, 차의 문을 열어보고, 포장을 뜯고 내용물을 확인하는 순간을 잘 활용하면 브랜드의 이미지를 높이는 기회가 될 수 있다. 촉각을 통해 얻게 되는 인상은 브랜드 이미지 형성의 기초가 된다.

퍼듀대학교에서 실시한 한 실험에서는 여성 도서관 사서에게 학생들을 대상으로 어떤 책을 읽는지 살펴보도록 시켰다. 실험을 진행하는 동안 여성 사서는 도서관을 방문하는 학생 중 절반 정도에게 그들이 눈치 채지 못하도록 신체적 접촉을 했다. 예를 들어 학생이 책을 반납할 때 일부러 그의 손을 살짝 스치며 접촉했다. 그후 해당 학생에게 그날 도서관에서의 경험을 묻는 질문지를 작성하도록 했다.

책을 반납할 때 여성 사서가 미소를 지었는지를 묻는 질문에 학생은 그렇다고 답했다. 하지만, 사서는 미소를 짓지 않았다. 또 여성 사서가 자신을 만졌는지를 묻자 학생은 그런 적이 없다고 답했다. 이 실험에 따르면 무의식적으로 여성 사서와 신체 접촉을 한 학생들은 그렇지 않은 학생들에 비해 도서관에서의 체험이나 자신의 일상을 좀 더 즐겁게 인식

하는 것으로 나타났다.[54]

코카콜라와 오랑지나, 올드파

제품의 모양을 통해 브랜드를 인지시키고 차별화시킬 수도 있다. 제품의 모양은 촉각적으로 소비자를 유혹할 수 있는 중요한 요소다. 예를 들어 시중에 판매되고 있는 음료수 병들을 보면 다양한 맛과 브랜드는 물론 독특한 병 모양으로 소비자의 관심을 끌기 위해서 치열하게 경쟁하고 있다. 병 모양은 시각적 요소도 갖고 있지만 촉각적 요소도 함께 담고 있다. 병의 모양을 통해 브랜드의 정체성과 이미지를 성공적으로 확립한 대표적 사례가 바로 코카콜라의 병 모양이다. 소비자들은 비슷한 모양을 가진 다른 병을 만질 때에도 허리 부분이 잘록하다면 자연스럽게 코카콜라 병을 떠올리곤 한다.

제품의 모양이 촉각에 영향을 미치는 또 하나의 사례로 프랑스의 오랑지나Orangina 음료병이 있다. 오랑지나는 1930년대 스페인 발렌시아 출신의 약사인 트리고 박사Dr Trigo가 스페인어로 '작은 오렌지'라는 뜻의 '나랑지나Naranjina'라고 부르는 오렌지 주스 농축액을 개발한 것이 시초다. 1936년 처음 판매할 때부터 실제 오렌지의 우둘투둘한 표면과 비슷한 질감을 유리병 표면에 표현했다. 소비자들이 오랑지나의 유리병을 잡는 순간 신선한 오렌지를 잡는 듯한 느낌을 받도록 만들어 브랜드를 차별화시킬 수 있었다.

실제 오렌지의 우둘투둘한 질감을 유리병에 표현한 오랑지나.

병을 기울인 상태로 세울 수 있는 올드파.

올드파Old Parr 위스키 브랜드도 제품의 촉각적 요소를 활용한 대표적인 사례다. 글렌리스 형제가 1871년 스코틀랜드에서 처음 선보인 올드파는 152세까지 삶을 누렸다는 전설적인 인물인 '토마스 파'를 기려 이름을 지었고, 전 세계 스카치위스키의 고전이 됐다. 올드파의 유리병은 기울인 상태로 세울 수 있다. 올드파를 구매한 고객이라면 누구나 한 번쯤 병을 세우기 위해 시도를 해보곤 한다. 만화 〈바텐더〉에서도 올드파 병에 관한 에피소드가 등장한다. 독특한 시각적 효과는 물론 병을 기울여서 세울 수 있다는 특징을 통해 브랜드에 대한 정체성과 차별화된 요소를 느낄 수 있어서 다른 제품과는 다른 위스키 병이라는 인식을 갖게 된다.

행복한 달걀 패키지, 뱅앤올룹슨 리모컨

폴란드의 디자이너 마야 슈치페크Maja Szczypek는 '행복한 달걀'이라는 콘셉트로 만든 '행복한 암탉이 낳은 달걀' 패키지를 선보였다. 그는 상품의 질과 환경을 생각하는 고객들을 위해 말려서 자른 건초를 패키지 재료로 사용했다. 그가 만든 패키지에서는 시각적 언어뿐만 아니라 자연의 향도 느낄 수 있으며, 건초로 만든 패키지를 만질 때마다 자연의 신선함을 느낄 수 있다.[55]

그런가 하면 뱅앤올룹슨Bang&Olufsen은 리모컨처럼 손에 들 수 있는 제품을 디자인할 때 무게감을 중요하게 생각한다. 어느 정도의 무게

말려서 자른 건초를 패키지 재료로 사용한 '행복한 달걀'.

감이 느껴지는 소재를 사용함으로써 소비자들이 자사 제품의 고급스러움을 촉각적으로 느끼게 해주는 것이다. 뱅앤올룹슨의 리모컨은 삼성이나 소니의 유사 제품에 비해 상당한 무게감이 느껴진다. 이 무게감은 소비자들에게 다른 브랜드와의 차별성을 느끼게 해주는 요소로 작용하고 있다.

소비자의 적극적인 참여를 끌어내는 촉각 마케팅

고객 체험 관점에서 다르게 보는 눈으로 촉각적 요소를 잘 활용한 보드카 브랜드의 사례를 소개하고자 한다. 바로 캐비어의 일종인 '벨루가Beluga'를 브랜드 네임으로 쓰고 있는 러시아 보드카다. 이 보드카는 러시아 시베리아 청정 지역 지하 330m에서 끌어올린 지하수와 러시아 평원에서 재배한 보리를 사용한 몰트로 만든 순도 100%의 보드카다. '벨루가'는 2002년부터 JSC 시너지JSC Synergy라는 회사에서 생산을 시작했으며, 2002년 12월 13일 38병의 보드카가 마린스크Mariinsk 증류소에서 첫 생산된 이후 오래지 않아 세계적인 명성을 얻었다.

'벨루가' 보드카의 제품 라인업은 노블, 트랜스아틀란틱 레이싱, 알루어, 골드 라인 등으로 구성돼 있다. 골드라인의 경우 유리병에 종이가 아닌 금속제의 라벨을 부착해 고급스러움을 더해준다. 또한 케이스 안에는 작은 망치가 들어 있다. 이 작은 망치는 벨루가의 병 뚜껑을 감싸고 있는 왁스를 깨는 데 쓰이는 소품이다. 소비자가 직접 뚜껑 위의 왁스

망치로 뚜껑 위의 왁스를 깨야 병을 열 수 있게 만든 보드카 벨루가.

먹고 난 그릇을 설거지하면 밥값을 받지 않는 캠페인을 벌인 스카치 브라이트.

를 깨야 병을 오픈할 수 있다. 왁스를 깨는 과정을 통해 '벨루가'가 왜 프리미엄 보드카인지를 촉각적으로 경험하게 해준다.[56]

3M의 수세미 브랜드인 스카치 브라이트Scotch Brite는 브라질 넘버원 수세미 브랜드로서 브라질의 젊은 층에게 호감도를 높이기 위해 프로모션을 진행했다. 상파울로 도시 주변의 여러 레스토랑에서 '당신의 계산서를 설거지하세요Wash Your Bill'라는 캠페인을 벌였다. 레스토랑을 방문한 고객들에게 계산서와 스카치 브라이트 수세미를 함께 주면서 자신이 먹고 난 그릇을 설거지하면 밥값을 받지 않겠다고 제안한 것이다. 프로모션을 진행할 당시 많은 고객이 참여했고, 즐거운 마음으로 스카치 브라이트 수세미를 사용해서 설거지를 하고 밥값도 아꼈다는 점에서 브랜드에 대해 긍정적이고 즐거운 기억을 남겨 호감도를 높였다.

제품을 둘러싼 환경과의 접촉을 통한 브랜드 차별화

서비스업의 인테리어도 소비자의 감각적 체험에 많은 영향을 미친다. 맥도날드 매장은 보통 딱딱한 의자와 식탁을 사용해 테이블 회전율을 높일 수 있는 분위기를 연출한다. 이러한 분위기에서는 오랜 시간 머물기가 어려울 수밖에 없다. 하지만 2006년 맥도날드는 미국 내 1만 4,000개의 매장 중 거의 절반에 해당하는 매장을 대상으로 대대적인 변화를 시도하기로 결정했다. '맥도날드의 변신'이라는 타이틀을 걸고 고객들을 좀 더 따뜻하게 맞이하는 방향으로 브랜드 이미지와 매장 분위기를 바꾸었다. 전체적인 인테리어의 콘셉트로 시각과 촉각을 결합한 미적 형태를 도입했고 의자도 좀 더 부드러운 느낌을 주는 가구로 교체했다. 이를 통해 고객들이 매장 안에서 좀 더 즐겁게 오랜 시간 머물도록 유도하고자 했다. '맥도날드의 변신' 프로젝트는 회사 중심에서 고객 중심으로 인테리어의 관점을 바꾼 대표적인 사례라 할 만하다. 이러한 변화 덕분에 소비자들은 매장 안에서 감각적이고 즐거운 체험을 기대할 수 있게 됐다.[57]

스웨덴의 여행사 아폴로와 스칸디나비아 항공은 기내 좌석의 형태와 견고성을 통해 편안하고 편리한 분위기를 연출하고 있다. 아폴로가 소유하고 있는 항공사 노브에어 Novair의 기내는 승객의 편안함을 위해 좌석 간 거리를 충분히 유지하도록 설계됐다. 스칸디나비아 항공 역시 비행시간이 길수록 승객의 편안함에 더 많은 배려가 있어야 한다고 판단해 장시간 비행일 경우에 승객들에게 좀 더 편안한 좌석을 제공한다. 최장거리 비행인 경우에는 침대에 가까운 형태의 의자가 제공된다. 하지만 항공사 이용 고객들이 항공사가 제공하는 이러한 편리함에 대해 주가 비용을 감수하겠다고 답하지는 않았다. 스칸디나비아 항공이 실시한 한 연구에서도 승객들은 편안함을 비행기 여행에서 세 번째로 중요한 요소로 여겼다.[58] 소비자들이 터치를 통해 브랜드를 직접 느끼고 만나는 일이 중요하다는 사실을 인지하는 기업들은 점점 늘어나고 있다.

독일의 화장품 브랜드 니베아 Nivea는 2006년에 '니베아가 뉴욕을 터치하다 Nivea Touches New York'라는 전시를 통해 소비자들이 촉각을 통해 브랜드에 대한 인식을 재고하도록 유도했다. 뉴욕의 거리를 지나는 많은 사람들이 접할 수 있도록 '터치 템플Touch Temple'이라는 공간을 만들어 목이나 머리, 어깨, 손 등에 무료 마사지를 제공했다. 니베아는 소비자들의 촉각을 자극하는 전시를 통해 제품에 대한 소비자들의 접근성을 높이고 피부를 소중히 여기는 기업이라는 이미지를 부각시키는 데 일조했다. 또한 니베아와 소비자 간에 자연스러운 상호작용이 일어나는 효과까지 얻을 수 있었다.

브랜드가 활용할 수 있는 촉각적 요소로는 온도도 한몫한다. 백화점의 패션 브랜드 매장 중 백화점 내의 실내 온도보다 낮은 온도를 유지하는 매장이 바로 등산용품 매장이다. 고객들이 등산을 할 때 느낄 수 있는 체온을 고려해 좀 더 낮은 온도를 유지함으로써 매장 안에서 등산복을 착용해도 산에 있을 때와 비슷한 느낌을 준다. 이처럼 공간 안에서 고객들이 제품을 체험할 때 촉각적 요소를 적극적으로 활용할 필요가 있다.

앞서 후각적 요소의 차별화 사례로 미래에셋빌딩인 센터원을 소개했는데 이 건물은 촉각적인 요소도 충분히 잘 활용하고 있다. 특히 에스컬레이터의 손잡이를 소개하고자 한다. 보통 사람들은 에스컬레이터의 손잡이를 잘 잡으려고 하지 않는다. 귀찮기도 하고 다른 사람이 잡았던 손잡이를 잡으면 위생적으로 좋지 않다는 인식이 있기 때문이다. 센터원 건물에서 에스컬레이터를 타면서 눈에 들어온 부분이 바로 손잡이다. 핸드레일 자외선 살균장치를 설치해두고 '안전을 위해 손잡이를 꼭 잡아주세요. 깨끗하게 관리중입니다'라고 알리고 있었다. 이 장치를 보면서 다른 어느 건물에서 느끼지 못했던 세심함이 떠올랐고 손잡이를 잡아도 위생만큼은 신경 쓰지 않아도 되겠다는 마음이 들었다. 코로나로 인해 2020년 5월부터 9호선 당산역 에스컬레이터에도 자외선 살균장치가 설치되어 시민들의 안전을 책임지고 있다.

가상의 촉각을 만들어낸 IT 기술

　IT 기술의 발달로 인해 스마트폰을 비롯한 IT 제품에서 촉각적 요소는 더욱 주목을 받고 있다. 애플은 아이폰과 아이패드의 터치스크린에 더욱 민감한 움직임에도 반응하는 기술을 적용해 소비자와의 상호작용을 한층 더 강화시켰다. 기존의 터치스크린이 단순히 한 손가락의 터치에 반응했다면 이 제품들은 두 손가락을 사용한 터치에도 반응하기 때문에 이전보다 훨씬 다양한 기능과 직관적인 사용이 가능해졌다. 지도나 사진을 두 손가락으로 벌리거나 좁히는 제스처로 확대 또는 축소하는 것이 대표적인 예일 것이다.

　특히 아이폰의 성공은 손의 터치가 촉각 체험에서 중요한 요소라는 사실을 보여주었다. 사용자의 터치에 반응해 손 끝에 진동을 전달하는 햅틱 *Haptic* 기술은 압력과 진동을 이용한 촉각 체험을 만들어줌으로써 효율성과 정확성을 향상시킬 뿐만 아니라 주관적 사실감도 만들어낸다.[59] 예를 들어 햅틱 기능이 있는 스마트폰의 스크린 키보드를 누르면 그저 딱딱한 유리를 두드리는 느낌이 아닌, 실제로 키보드를 치는 듯한 감촉을 전달한다. 시간이 지날수록 이러한 사실감이 증대되면서 사용자들은 현장감을 즐기며 집중할 수 있게 됐다. 햅틱 기술은 스마트폰 말고도 자동차에서도 찾아볼 수 있다.

BMW의 내비게이션 시스템인 아이드라이브 $_{IDrive}$ 역시 햅틱 기술을 도입해 운전자와 자동차 간의 상호작용을 증대시켜준다. 운전자는 조그셔틀을 통해 다양한 기능을 완벽하게 조절할 수 있다. 기존에는 여러 개의 조절기를 사용해야 했다면 하나의 조그셔틀에만 집중하면 되기 때문에 안전성 면에서도 이점이 있다.

또한 햅틱 기술은 운전자가 차량 내부의 팔걸이나 문, 계기판 등을 만질 때 마치 딱딱하거나 부드러운 가죽 느낌을 연상하도록 반응한다. 현재 BMW나 아우디, 벤츠는 모두 이 기술을 사용해 실제 가죽의 3분의 1이나 4분의 1 정도의 비용으로 가죽과 비슷한 느낌을 제공하고 있다. 이처럼 촉각적 요소는 다양한 제품에 활용되어 자기다움을 표현하고 고객들의 직접적인 체험을 통한 브랜드를 차별화시키는 데 중요한 역할을 하고 있다.

7

미식가들의 시대를 살아가는 법

사람들이 느끼는 맛은 단맛, 짠맛, 쓴맛, 신맛, 매운맛 등이 있다. 소비자의 미각적 경험과 관련한 모든 맛은 시각 요소인 색상, 크기, 밝기, 후각 요소인 고유의 냄새니 향, 촉각 요소인 음식의 온도, 질감, 감촉, 그리고 청각 요소인 음악, 과자 바스락거리는 소리, 음료 마시는 소리 등이 상호 결합돼 생성된다고 할 수 있다. 그리고 엘더 및 크리시나 Elder & Krishna에 따르면 미각, 촉각, 후각이 결합된 다중 감각 multiple sensations 경험이 한 가지 감각의 경험보다 미각적 지각에 미치는 영향이 더 높다는 연구 결과가 있다.[60] 또 오감 중 하나 이상이 복합적으로 영향을 미치는 감각적인 브랜드 경험에 대한 소비자 지각 정도를 다중 감각 multi-sensory 브랜드 경험이라고 훌텐 Hulten은 정의했다. 이를 조금 발전시킨 맛에 대한 연구에서는 소비자가 상상한 냄새도 맛에 대한 지각에 영향을 미치는 효과가 있다는 것이 발견됐다. 조르데빅 등 Djordjevic et al., 2004이 실시한 실험 연구에서는 소비자가 상상한 딸기 향은 지각된 단맛을 강화시켰고 절인 오이 향은 지각된 짠맛을 강화시켰다. 이와 같은 미각과 관련한 다중 감각 경험과 각각의 감각이 미각에 미치는 영향에 대해 순차적으로 사례를 들어 설명하고자 한다.

음식에 담긴 의미를 전달하는 차별화

외식업 종사자나 마케팅 담당자들은 다르게 보는 눈으로 음식 이름을 더 쉽게 설명하고 연상하도록 만듦으로써 소비자들의 미각 체험을 향상시킬 수 있다. 이런 전략을 활용하면 음식점의 매출이 27% 증가한 것으로 나타났다. 일례로 '해산물 필레filet(생선뼈를 발라내고 나서 저민 요리)'라는 이름보다 '육즙이 살아 있는 이탈리안 해산물 필레'라는 이름을 사용하는 편이 손님들에게 더 호소력이 있다고 한다. 이처럼 그 음식을 설명하고 연상시키는 문구가 담긴 이름을 사용했을 때 손님들로부터 좀 더 긍정적인 반응을 얻어냈다. 그런 경우에 소비자들은 그 음식을 더 맛있다고 느꼈고 호감도도 높았으며, 영양면에서 긍정적인 점수를 주었다. 설명하기 쉽고 연상하기 쉬운 이름을 사용하면 그 음식점과 요리에 대한 고객들의 기대심리가 높아지는 효과까지 있다.[61] 브랜드 네임을 개발할 때에 반드시 기억해야 할 부분이다.

자동차 케이크를 만드는 과정을 광고로 연출한 자동차, 스코다의 파비아.

체코의 자동차 회사인 스코다Skoda는 파비아Fabia라는 자동차를 구매하는 소비자들에게 초콜릿 향이 나는 방향제를 기념품으로 나누어 주었다. 자동차 회사에서 미각적 요소를 활용한다는 것은 생각하기 쉽지 않다. 하지만 남들이 시도하지 않은 미각적 요소를 차별화의 포인트로 잡은 스코다는 자사의 새로운 브랜드를 런칭하면서 TV 광고로 새로운 파비아 자동차가 케이크로 만들어지는 과정을 송출했다.

스코다는 영국의 유명한 쇼콜라티에와 파티시에가 자동차 케이크를 만드는 과정을 광고로 연출했고, 마지막 장면에 '사랑스러운 사람들이 만든 새로운 파비아'라는 광고 카피를 넣었다. 광고에 쓰인 자동차 케이크는 지역 자선단체, 학교, 병원 등에 기부될 예정이었으나 아쉽게도 뜨거운 스튜디오 온도 때문에 식중독 문제가 우려되어 일부 '부품'들만 기부에 활용됐다. 이러한 캠페인을 전개한 결과 스코다는 전년도에 비해 같은 기간 (광고 캠페인이 실시된 후 1주일 동안) 매장을 방문한 고객들의 수가 160% 이상 증가했다고 한다.

첨단기술을 활용한 미각의 연구로 만들어낸 차별화

미각에 대한 지속적인 연구를 위해 기술을 도입한 사례로는 일본의 식품기업인 기린의 '나마차生茶'가 대표적이다. 2000년 판매를 시작한 녹차음료 나마차는 인공지능을 활용해 높은 판매고를 올리고 있는 제품이다. 기린은 인공지능을 가진 미각센서가 5개의 맛(단맛, 짠맛, 신맛, 쓴

맛, 감칠맛)을 수치화해 맛의 균형을 시각화했다. 이를 통해 2017년 3월 말 리뉴얼 상품을 출시했고 2개월 만에 500만 케이스라는 주목할 만한 판매 실적을 올렸다.

미각에 기술을 도입한 또 다른 사례로는 일본의 이탈리안 레스토랑 체인인 '사이제리야Saizeriya'가 있다. 사이제리야는 인간의 뇌파를 측정해 질리지 않는 맛을 추구하는 음식을 개발했다. 뇌파를 조사해 사람들이 무의식적으로 맛있다고 느끼는 맛을 데이터로 측정해 특정한 맛에 지나치게 기울어지지 않고 무난하게 조화된 맛의 개발을 목표로 삼았고, 일본의 대표적인 음식점 브랜드로 자리 잡았다.

다중 감각이 미각에 미치는 영향

다중 감각의 권위자인 찰스 스펜스Charles Spence 교수는 미각이 다른 감각들에 영향을 받는다는 것을 주제로 한 《왜 맛있을까》에서 다른 감각들이 미각에 미치는 영향을 다양한 연구 결과를 들어 설명하고 있다.

첫째, 후각이 미각에 미치는 영향을 살펴보자. 향기는 분위기를 느끼게 하고 감정과 기억을 되살리는 효과적인 수단이다. 그만큼 향과 맛은 서로 밀접하게 연결된다. 후각 테스트를 통과한 음식은 대개 미각에서도 통과한다.[62] 맥도날드 음식의 맛과 향기에 관한 실험에서 소비자들은 음식의 향이 싫지 않으면 음식을 좋아하고, 반대로 향이 싫으면 맛도 싫어했다. 맛을 활용하지 않고 향만을 활용하는 것은 가능하지만 향이

뚜껑을 열지 않고도 커피 향을 맡을 수 있게 디자인한 비오라 커피.

없는 맛은 사실상 불가능하다.

　　맛은 향과 밀접하게 관련돼 있고 색깔과 모양과도 밀접하게 관련된다. 우리는 색깔을 통해 맛을 연상한다. 예를 들어 빨간색과 오렌지색은 달콤한 맛, 녹색과 노란색은 신맛, 흰색은 짠맛을 연상시킨다. 음식과 음료를 즐기기 위해 향기는 무척 중요하다. 맛을 더 좋게 느껴지게 하기 위해 후각을 활용한 사례로는 비오라 *VIORA* 사의 커피 뚜껑이 대표적이다. 비오라에서는 소비자들이 커피를 마실 때 향을 먼저 맡고 마실 경우 커피가 더 맛있다는 것을 강조하기 위해 후각적 경험을 강화하는 디자인을 고려한 1회용 커피 뚜껑을 개발했다. 새로운 뚜껑 디자인 덕분에 고객들은 뚜껑을 열지 않고도 커피 향을 맡을 수 있게 됐다.

　　둘째, 청각이 미각에 미치는 영향에 대해 살펴보자. 가장 유명한 사례 중 하나가 1920년대 러시아의 과학자인 이반 파블로프 *Ivan Pavlov* 의 실험이다. 개에게 먹이를 제공할 때마다 벨을 울리는 과정을 반복하자 나중에 개는 벨만 울려도 마치 먹이를 먹을 때처럼 침의 분비량이 늘어났다. 벨 소리와 음식을 연결 지은 것이다. 이처럼 소리는 음식의 맛에 영향을 줄 수 있다는 것을 암시한다.

　　카페에서는 원두 가는 소리, 우유 거품을 만드는 스팀 소리, 커피가루를 두드리는 탭 소리 같은 요소들이 상황을 짐작할 수 있게 만든다. 즉 소비자들은 카페에서 나는 소리를 통해 맛에 대한 정보를 얻을 수 있다.

　　배경 음악도 사람들의 구매 행태에 영향을 미친다는 연구 결과가 있다. 영국 슈퍼마켓의 와인 코너에서 프랑스 아코디언 음악을 틀어주자

프랑스 와인의 매출은 77%, 독일 와인은 27%로 늘었다고 한다. 이후 펍에서 들을 수 있는 독일 음악을 들려주었을 때에는 프랑스 와인은 23%로 줄고 독일 와인의 판매량이 73%로 증가했다고 한다.[63]

2007년 여름, 해산물 뷔페전문점인 '보노보노'에서 근무한 후배에게 매장 내 음악의 역할에 대해 들을 수 있었다. 그는 매장 총괄 매니저로 일하면서 매장 내 음악 관리 외주 비용을 내는 대신, 본인이 직접 음악을 선별한 적이 있었다고 한다. 7시 이후에는 패션쇼에서 들을 수 있는 음악들 위주로 틀었더니, 남성 고객들은 큰 반응을 보이지 않는 반면, 여성 고객들은 마치 패션쇼에 참가한 모델들처럼 걸음걸이가 달라졌다고 한다. 이를 통해 매장 내 음악이 고객들의 태도에 영향을 줄 수 있다고 예측할 수 있다.

셋째, 시각이 미각에 미치는 영향에 대해 살펴보자. 맛은 시각에 크게 영향을 받는다. 와인의 색을 바꾸면 사람들의 기대감은 바로 바뀐다고 한다. 검붉은 색소를 섞은 화이트 와인을 잔에 받아 들고는 레드 와인 냄새가 난다고 생각하는 식이다.

스페인의 알리샤 재단에서도 비슷한 연구 결과를 내놓았다. 사람들은 똑같은 딸기 무스도 검은 접시보다 흰 접시에 담았을 때 10% 더 달고 15% 더 풍미가 좋으며 더 마음에 든다고 평가했다.[64] 최근 들어 많은 손님들이 너도나도 음식 사진을 소셜 미디어에 올린다. 이에 대해 런던의 미슐랭 3스타 레스토랑인 도체스터 호텔의 알랭 뒤카스 셰프는 "맛있는 음식은 눈을 위한 성찬이다"라고 말하며 손님이 음식 사진을 잘 담을 수 있도록 특별한 모양의 접시를 내놓기 시작했다. 또 이스라엘 텔아비브의 레스토랑인 '카팃Catit'에서도 푸도그래피foodography(음식과 사진의 합성어)라는 캠페인을 통해 특이한 모양의 접시에 음식을 서비스하고 있다. 이 접시는 다양한 각도로 사진을 찍을 수 있게 360도 회전하는 데다 곡선 모양의 뒷배경을 만들어두어서 잡스러운 배경 없이 깔끔한 사진을 찍을 수 있다. 테이블에 스마트폰 거치대까지 설치돼 있어서 음식 사진 찍기에 최적의 환경을 제공한다.[65]

또 사람들은 음식을 움직이는 모습으로 보여주면 더욱 강한 욕구를 불러일으킨다고 한다. 특히 움직이는 음식을 더 신선한 것으로 지각한다고 한다. 코넬대학교의 식품심리학자이자 마케팅 연구자인 브라이언 원싱크Brian Wansink 연구팀에 따르면 사람들은 오렌지 주스로 가득 찬 유리잔의 사진보다 유리잔에 오렌지 주스를 붓는 사진을 더 신선한 것으로 평가하는 경향이 있었다고 한다. 물론 둘 다 정지된 장면을 찍은 사진이지만 하나는 움직임을 암시하는 것이기 때문에 제품의 호소력을 높이기에는 충분하다는 것이다.

마지막으로 촉각이 미각에 미치는 영향을 살펴보자. 찰스 스펜스 교수는 음식을 무거운 스푼으로 먹으면 가벼운 스푼으로 먹을 때보다 음식에 대한 평가가 좋아지는지 여부를 알기 위한 연구를 진행했다. 우선 시판되고 있는 요구르트를 무거운 플라스틱 스푼으로 먹었을 때와 가벼운 스푼으로 먹었을 때를 비교했다. 동일한 사람들을 여러 차례 실험에 참가시켰는데 무거운 식기를 사용한 경우 참가자는 음식이 더욱 예술적

다양한 각도로 음식 사진을 찍을 수 있게 만든 접시로 서비스하는 푸도그래피.

으로 플레이팅됐다고 생각했다. 또한 무거운 식기를 사용한 사람들은 가벼운 식기를 사용한 사람들에 비해 훨씬 비싼 값을 지불할 의사가 있다고 응답했다.[66]

나의 경험에 비춰봐도 해당 연구 결과를 확인할 수 있을 듯하다. 비행기 기내식을 먹을 때마다 스푼이나 포크, 나이프 등의 무게가 무겁다고 느낀 적이 있었다. 승무원들이 비행기 안에서 해야 할 일들을 고려해보면 가벼운 플라스틱 스푼이나, 포크, 나이프 등 1회용 식기를 제공하는 편이 부담을 줄일 수 있다고 판단된다. 하지만 항상 무겁게 느껴지는 금속제 스푼, 포크, 나이프를 제공받았다. 이는 모두 기내식의 맛에 영향을 미칠 수 있다는 것을 고려한 것이다.

인도 사람들은 어렸을 때부터 손으로 밥을 먹도록 교육을 받는다. 다른 문화권에서는 이러한 인도의 식사 문화를 이상한 눈으로 보기도 하지만 인도 사람들은 독특한 음식 문화 때문에 손으로 식사하는 것을 이상하게 여기지 않는다. 또 인도 사람들의 행복감이 높게 나타나는 이유 중 하나로, 손으로 음식을 먹으면서 음식에 대한 촉각을 더 많이, 더 섬세하게 경험하기 때문이라는 말도 있다. 이와 같은 연구 결과들은 인간의 오감을 다양하게 활용할 때 브랜드에 대한 소비자들의 좋은 기억과 인지도를 높일 수 있다는 것을 잘 보여준다.

우리는 그동안 너무나 오랫동안 인간의 오감을 무시해온 건 아닐까? 디자인을 제외한 음악, 향기, 촉감, 맛과 같은 감각들이 중요한 역할을 한다는 사실 역시 별다른 주목을 받지 못했다.

그러나 이러한 감각 표현 방식들은 이제 결정적인 역할을 한다. 인간의 오감이 하는 역할을 이해하고 적합한 감각 표현 방식을 적용한다면 브랜드 차별화를 이룰 수 있다.

5장

자기다움으로 고객의 공감을 얻다

(주)푸드나무의 차별화 성공 사례

닭가슴살 플랫폼 서비스의 시작

1

푸드나무는 2011년 스타트업 기업으로 시작해 2018년 10월 4일 코스닥 시장에 상장한 회사다. 2012년 9월 서울산업진흥원이 운영하고 지원한 강북청년창업센터에서 스타트업 기업들을 대상으로 진행한 브랜드 교육 과정에서 김영문 대표가 운영하는 스타트업 기업을 알게 됐다. 당시의 스타트업 기업들은 비즈니스 모델만을 중요하다고 생각할 뿐 비즈니스 철학이나 브랜드 철학에 대해 깊게 생각하지 않는 경향이 있었다. 그런 분위기 속에 내 강의가 끝나면 늘 끝까지 남아 그날 강의한 내용에 대해 질문하는 사람이 있었다. 바로 김영문 대표였다.

    젊은 나이의 대표가 열심히 듣고 질문하는 것에 깊은 인상을 받아 5회 차 강의가 끝나고서 저녁 식사를 같이 하자고 제의했다. 저녁 식사

자리에서 김영문 대표의 사업에 대해 알 수 있었고 조언을 해주기도 했다. 김영문 대표는 '닭가슴살 플랫폼'으로 여러 닭가슴살 브랜드를 입점시키고 판매에 따른 수수료를 수익으로 가져가는 온라인 플랫폼 서비스 비즈니스 모델을 운영하고 있었다.

당시 김영문 대표는 회사의 이름이자 서비스의 이름으로 '랭킹닭컴'을 사용하고 있었다. 그에게 계속해서 닭 관련 사업만 할 것이냐고 묻자 닭 이외에도 건강에 좋은 식품들을 판매하고 싶다는 포부를 밝혔다. 그의 구상을 듣고는 '랭킹닭컴'은 닭가슴살 관련 온라인 플랫폼 서비스 브랜드로서는 괜찮지만 여러 식품들을 아우를 수 있는 기업명이 필요할 것이라고 조언했다.

김영문 대표의 미래 비즈니스 모델에 대해 생각을 하다 마치 나무에 여러 식품들이 주렁주렁 열려 있는 모습과 함께 잘 자라나는 나무의 모습이 그려졌다. '푸드나무'라는 기업명이 어떨 것 같냐고 묻자 김영문 대표도 반색을 내비쳐 지금의 기업명인 '푸드나무'가 탄생했다.

지금부터 자기다움이 차별화를 이루는 데 어떤 영향을 미치며 이를 위해 다르게 보는 눈이 왜 중요한지를 말하고자 한다. 특히, 푸드나무가 성장하는 데 있어서 자기다움을 어떻게 갖게 됐고, 자기다움을 표현해 줄 브랜드는 어떻게 개발하고 소비자들에게 브랜드 이미지를 전달하는지에 대해 푸드나무의 김영문 대표와의 인터뷰 내용을 통해 살펴보도록 한다. 푸드나무의 성장 과정을 통해 나다움(자기다움)을 어떻게 실현시켜야 하며 이를 위해 다른 시각을 어떻게 가져야 하는지를 참고하길 바란다.

2
자신이 가장 잘할 수 있는 일을 찾아라

국내 닭가슴살 브랜드의 90% 이상을 한곳에서 만날 수 있는 국내 최초의 닭가슴살 전문 온라인 플랫폼 서비스가 바로 '랭킹닭컴'이다. '랭킹닭컴' 온라인 플랫폼 서비스의 핵심은 이름처럼 '랭킹'이지만 단순히 1등부터 꼴등까지 순서를 매기는 식의 랭킹이 아니다. '랭킹닭컴'을 통해 판매하는 제품 중 평점이 가장 높으면 '평점 킹', 가장 많이 팔리면 '판매 킹', 100g당 가격이 가장 저렴하면 '알뜰 킹'과 같이 제품과 랭킹을 다양한 기준으로 구분해서 소비자가 원하는 기준에 맞춰 구매할 수 있도록 매주 항목별 순위를 공개한다. 소비자 입장에서 보면 본인들의 취향에 따라 제품을 비교해서 구매할 수 있기 때문에 시간과 돈이 절약되는 합리적이고 효율적인 쇼핑이 가능하다.

김영문 대표는 고등학교 때 어려운 집안 형편 때문에 학교를 자퇴하고 취업 전선에 뛰어들어야 했다. 운동을 좋아했던 그는 한때 몸을 쓰는 일을 많이 했었는데, 이때 닭가슴살에 관련된 사업의 힌트를 얻었고, 우연한 기회가 찾아와 인생의 전환점을 맞이하게 됐다. 이후 헬스 트레이너로 활동하면서 전문성 강화를 위해 체육학과에 진학했다. 새벽 6시에 출근해 밤 9시까지 레슨을 하는 생활이 반복됐다. 헬스 트레이너로 이름을 날리기도 했지만 그는 만족하지 못했다. 레슨을 진행하는 시간 이외에는 무엇인가를 얻을 기회가 없다는 판단이 들었다.

그러던 중 헬스 트레이너로서 자신이 가장 잘 알고 있던 아이템인 닭가슴살에 관한 다양한 정보들을 수집하기 시작했다. 전 세계 닭가슴살 시장을 분석해보니 수요가 폭발적으로 증가하고 있었지만 당시 우리나라는 아직 그 흐름에 도달하지 않은 상태였다. 국내 닭고기 시장은 다리와 날개 등 지방이 많고 부드러운 부위에 대한 수요만 유독 높았다. 그러나 소고기, 돼지고기와 같은 적색육의 인기가 지배적이던 미국조차 정부의 비만 감소 정책으로 백색육, 그중에서도 닭가슴살의 수요가 압도적으로 치솟는 상황이었다.[67]

게다가 2010년대 들어 한국에도 동네마다 전문적인 헬스클럽이 들어서고 있었고 운동 인구 또한 높은 증가 추세를 보이고 있었다. 닭다리를 비롯한 닭고기 시장에는 대기업과 여러 기업들이 선두주자로 자리매김하고 있었지만 닭가슴살 시장만큼은 아직 선두주자가 없던 상황에서 김영문 대표는 직접 사업에 뛰어들기로 마음먹었다.

오랜 고민 끝에 과감하게 헬스 트레이너를 그만두기로 했다. 그는 회원들의 반복적인 질문을 통해 얻게 된 닭가슴살에 관한 정보를 모아 비교하며 판매하는 온라인 스토어 전략을 구상했다. 그가 이런 결정을 할 수 있었던 것은 헬스 트레이너로서 닭가슴살에 대한 이해도가 높았고 닭가슴살은 닭고기 시장에서 아직은 블루오션 시장이라고 판단했기에 가능했다.

쉽게 물러서지도 무작정 매달리지도

김영문 대표는 비즈니스 시작 당시 자금이 부족해서 자기 몸집에 맞는 비즈니스를 찾게 됐다. 오프라인 매장은 주변 상권의 영향이나 회전율과 같은 부분에서 어려움이 있을 것으로 예상돼 전자상거래 비즈니스를 떠올렸다. 닭가슴살에 관한 정보를 한곳에 모으고 그 플랫폼에서 닭가슴살을 판매하는 것이었다. 당시 IT 업계에서 프리랜서로 활동하던 친형을 찾아가 전자상거래의 무한한 확장성과 닭가슴살 시장의 성장 가능성에 관해 이야기를 들려주었고 함께 닭가슴살 온라인 플랫폼 서비스 사업을 실행하게 됐다.

닭가슴살 플랫폼 비즈니스가 처음부터 순탄하게 진행되지는 않았다. 친형인 김영완 부대표는 닭가슴살 온라인 플랫폼 서비스인 '랭킹닭컴'의 프로세스를 구축했고 김영문 대표는 발에 땀이 나도록 여러 닭가슴살 업체들을 방문했다. 처음에는 5개 브랜드만이 입점한 아주 작은 플랫폼에 불과했다. 마케팅은 물론이고 입점시킬 브랜드를 모으는 것조차 힘들었다. 이미 대형 쇼핑몰에 입점한 닭가슴살 브랜드는 "우리가 왜 들어본 적도 없는 플랫폼 서비스에서 제품을 판매해야 하느냐"며 난색을 표하기도 했다.

김영문 대표는 쉽게 물러서거나 무작정 매달리지 않았다. 닭가슴살 업체 대표들과 작은 접점이라도 찾기 위해 많은 시도를 하고 질문을 던졌다. 김영문 대표의 끈질긴 친화력 덕분에 좋은 제품을 생산하지만 마케팅이 부족했던 신생 업체 위주로 입점이 시작됐다. 곧 '랭킹닭컴'의 닭가슴살 플랫폼은 헬스 트레이너뿐만 아니라 다이어터들에게 입소문이 났고, 판매량이 증가하면서 '랭킹닭컴'에 입점하고자 하는 업체들도 점점 늘어났다.

2013년 랭킹닭컴은 푸드나무로 법인 전환을 했고 이때부터 보디빌딩과 피트니스 전문 미디어 채널인 '개근질 닷컴'과 보디 프로필 전문 스튜디오인 '스튜디오U', 다이어트 레시피 전문 매거진 '닭 쿡'을 연달아 런칭했다. 푸드나무가 오늘날의 눈부신 발전을 이루는 과정에서 김영문 대표는 언제나 문제를 해결하는 방식으로 성장을 도모했다. 새로운 사업을 시작하거나 프로젝트를 계획할 때 기존의 문제점들을 모두 분석하고 현재의 문제점을 해결하는 단계를 가장 먼저 수행했다.

문제점을 해결하는 기준은 언제나 고객의 시선으로 생각하고 판단한다는 것이었다. 입점 업체를 찾기 어려웠던 초창기에도 이 원칙은 명확했다. 당장 플랫폼에 올릴 수 있는 제품의 수가 아쉬웠지만 아무 브랜드, 아무 제품이나 입점시키려고 하지 않았다. 완성도가 떨어지는 제품은 절대 취급하지 않는다는 엄격한 기준을 정했고 모든 제품을 주문해서 직원들과 꼭 시식을 해보았다. 기준을 통과한 제품만이 '랭킹닭컴'에 입점할 수 있었다. 단 하나를 팔더라도 재구매로 이어질 수 있도록 제품을 꼼꼼하게 검수했다. 소비자 재구매율 57%라는 놀라운 기록이 그동안의 노력의 결과를 말해준다.

　푸드나무가 창업한 지 7년 만에 코스닥 시장에 상장할 수 있었던 첫 번째 이유는 바로 자신이 가장 잘할 수 있는 일(닭가슴살 관련 사업)을 찾고 자신의 몸집에 맞게 비즈니스 모델(닭가슴살 온라인 플랫폼 서비스 사업)을 구축했기 때문이다. 자신이 가장 잘할 수 있는 일을 찾았으나 자신의 몸집에 맞는 비즈니스 모델을 찾지 못했다면 지금의 성장은 어려웠을 수도 있다. 즉 초기 자본이 적은 상태에서 많은 비용이 지출되는 오프라인으로의 진출을 먼저 시도했다면 실패했을 확률이 높았을 것이다.

　또한 완성도가 떨어지는 제품은 절대 취급하지 않는다는 엄격한 기준이 푸드나무만의 자기다움을 만들었고, 이것이 고객들의 공감을 얻어 재구매로 이어졌다. 김영문 대표의 헬스 트레이너 경력에서 출발한 닭가슴살에 대한 관심을 사업으로 전환한 시각이 있었기에 지금의 푸드나무는 성장할 수 있었다. 그만큼 남다른 시각은 자기다움을 더 견고히 해준다.

나 자신을 알자: 내가 가장 잘 알 수 있는 아이템인 닭가슴살

창업 7년 만에 코스닥에 상장한 비결은?

관련 온라인 플랫폼을 만들다.

경쟁자를 알자: 닭고기 관련 브랜드들은 많았지만 닭가슴살 관련 경쟁 브랜드는 거의 없었다.

고객의 공감을 얻자: 완성도가 떨어지는 제품은 절대 취급하지 않는다는 기준을 세운다. 이것이 고객들로 하여금 신뢰감을 얻어 재구매로 이어진다.

3

브랜드 철학을
직원과 고객에게
공유하라

푸드나무라는 기업명으로 변경한 이후에는 브랜드 철학을 구축할 필요가 있었다. 작은 스타트업 기업은 대기업들처럼 브랜드 아이덴티티 시스템 구축을 위한 투자를 유치하는 데 어려움이 많다. 그래서 스타트업 기업에 적합한 브랜드 플랫폼 모델을 선정해 그에 적합한 브랜드 철학을 구축했다.

스타트업 기업들에게 브랜드 철학은 브랜드를 차별화시키기 위해 매우 중요한 역할을 한다. 기업이 어떤 철학으로 비즈니스를 하고 브랜드를 운영하고 있는지를 고객들에게 전달하는 것은 커뮤니케이션에서 중요한 역할을 한다. 나는 푸드나무의 브랜드 플랫폼 구축을 제안하면서 브랜드 플랫폼의 구성을 스타트업 기업에 맞게 '브랜드 콘셉트Brand

Concept', '브랜드 비전Brand Vision', '브랜드 미션Brand Mission', 이렇게 세 가지로 만들어서 홈페이지에 게재할 것을 권했다.

푸드나무의 브랜드 플랫폼은 다음과 같이 구축됐다. 브랜드 콘셉트는 'Good Food, Good Life'로서 '좋은 식품이 좋은 생활을 만든다'라는 의미를 담아 푸드나무의 슬로건으로 활용되고 있다. 브랜드 콘셉트의 일관성을 유지하기 위해 더욱더 좋은 식품을 만들고자 노력하고 있다. 브랜드 비전은 '오감으로 접하는 모든 것을 건강하게 만드는 기업'으로 설정하고 전 직원들이 이를 공유함으로써 푸드나무만의 자기다움을 실현하고 목표의식을 지니게 하고 있다. 브랜드 미션은 '좋은 원료로 만들어진 건강한 식품을 제공하고 건강한 삶을 영위하기 위한 모든 제화와 서비스를 제공한다'로서 브랜드 비전을 이루기 위해 어떤 노력을 할 것인지를 설정하고 있다.

한편 푸드나무는 앞서 정한 브랜드 플랫폼 실행을 위해 지속적으로 제품의 직원 평가를 시행하고 있다. 직원의 80% 이상이 찬성하지 않으면 개발비나 개발 시간에 상관없이 제품을 출시하지 않는다. 소비자들의 입맛에 관한 데이터를 기반으로 분석한 결과에 따르면 통상 인구의 80%가 입맛이 동일하고 20% 정도가 입맛이 다르다고 한다. 따라서 최소 80% 이상의 직원이 찬성해야만 대중적인 제품이 될 수 있다고 보는 것이다. 또한 랭킹닭컴은 100만 명의 회원 정보와 소비 패턴, 204만 건 이상의 상세 구매 데이터 그리고 11만 건 이상의 구매 후기를 모두 분석하고 활용해 고객들의 요구에 최적화된 브랜드와 제품을 개발하고 있다.

철저히 고객 중심에 선다는 것

김영문 대표는 브랜드 강의를 통해 브랜드의 중요성을 누구보다 잘 이해하게 됐다. 자신의 플랫폼 안에서 남의 브랜드만 판매하고 얻는 수익보다 자체 유통 브랜드 Private Brand의 판매를 통한 수익이 커질 수 있다는 사실도 인지해 '맛있닭', '맛있소', '러브잇', '신선애' 등의 자체 유통 브랜드들을 런칭시켰다. 자체 유통 브랜드인 '맛있닭'은 5,100만 팩 이상의 판매고를 올리며 닭가슴살 시장의 선도 브랜드가 됐다.

김영문 대표는 '랭킹닭컴'의 인지도가 높아지고 사업이 닭가슴살 유통 영역에서 제품 제조 영역으로 확장되자 많은 업체로부터 닭가슴살 제품을 함께 개발하자는 제안을 받았다. 하지만 그의 마음에 차는 기업을 찾기가 힘들었다. 기존 업체들의 제품 개발 과정이 썩 만족스럽지 않았기 때문이다. 대체로 업체 대표의 개인적인 판단에 따라 출시된 제품, 다른 업체의 유명한 제품을 모방한 제품, 타 업체들이 흔히 제작하는 방식에서 원가만 절감한 제품들이 대부분이었다.

또한 입점 제안을 받는 과정에서 기존 닭가슴살 제품 제작 방식의 문제점도 발견했다. 많은 기업들이 제품을 만드는 과정에서 소비자를 완전히 배제하고 있었다. 이러한 문제점을 발견한 김영문 대표는 철저히 고객 중심의 제품을 개발해보기로 했다.[68]

많은 닭가슴살 제품이 '닭가슴살은 맛이 없다'는 인식을 극복하기 위해 다양한 맛으로 개발됐지만, 정작 소비자들은 오히려 '맛있는 닭가슴살'을 꺼려했다. 소비자들은 이런 제품에 첨가물이 많이 들어갔다거나 순수하지 않다거나 먹어도 살이 빠지지 않을 것 같다는 식의 부정적인 생각을 갖고 있었기 때문이다. 하지만 음식이란 결국 맛이 있어야 계속 먹을 수 있다는 사실도 배제할 수 없는 일이었다.

그는 다르게 보는 눈으로 '많이보다 적당히, 적당히보다 부족하게' 먹는 것이 식이 조절의 핵심이라고 생각했다. 무엇보다 소금을 줄이면서도 맛을 낼 수 있는 기술이 시장을 선도할 것이라고 판단했다. 하지만 당시 푸드나무는 소비자들을 대상으로 충분한 맛 테스트를 하기에는 자금도, 인적 자원도 부족했다. 자신의 몸집을 이해하고 고민하던 중에 직원들도 또 다른 고객이라는 사실을 깨달았다. 이후 전 직원들을 대상으로 제품 평가를 시행해 제품 개발에 착수했고 2015년에 드디어 푸드나무의 첫 닭가슴살 브랜드인 '맛있닭'을 런칭하게 됐다.

'맛있닭'이라는 브랜드 네임은 철저히 푸드나무의 몸집에 맞는 네임이다. 브랜드 네임을 만들고 선정할 때 가장 중요한 것은 커뮤니케이션에서 차별화가 가능한지 여부다. 우선 스타트업 기업의 규모를 고려했을 때 '맛있는 닭가슴살'을 연상시킬 수 있는 직관적인 브랜드 네임은 커뮤니케이션 비용을 적게 쓸 수 있다는 장점이 있다. 또한 '맛있는 닭가슴살'이라는 카테고리를 선점할 수 있는 네임이다.

'맛있닭'은 브랜드 런칭 이후 인지도가 쌓이면서 파워브랜드로 거듭나고 있었다. 그런데 2016년 여름, 김영문 대표는 한 가지 고민에 빠지게 됐다. 헬스 트레이너들 사이에서 소고기가 고단백 식품으로서 인기가 많다 보니 푸드나무도 소고기 제품의 출시와 브랜드의 런칭을 준비해야 할 것 같다고 판단했기 때문이다. 무엇보다 새로운 브랜드 네임을 만들 것인지, '맛있닭'의 이미지를 활용한 네임으로 만들 것인지에 대해 고민이 됐다.

'맛있닭'의 브랜드 파워를 생각하면 '맛있닭'의 이미지에 기대어 소고기 브랜드를 런칭하는 것을 쉽게 떠올릴 수 있었다. 하지만 만에 하나 '맛있닭'에 부정적인 영향을 미칠 수도 있어 쉽게 결정할 수 없는 일이었다.

이때 나는 김영문 대표에게 '맛있소'라는 브랜드 네임을 권했다. 브랜드를 추가로 만들어 관리하는 것보다 파워가 있는 브랜드에 집중하는 것이 푸드나무의 몸집에 맞을 것 같다고 생각했다.

또한 '맛있닭'을 만들어 제품을 검증하는 과정을 봤을 때 '맛있소'에 대한 제품 경쟁력도 타사와 대비할 때 충분히 승산이 있을 것이고 부정적인 이미지 전이가 없을 것이라고 판단했다. 2020년 1월에는 맛있는 반찬이라는 콘셉트로 '맛있찬'도 런칭했다.

푸드나무의 또 다른 브랜드 차별화 요소로 '닭대리'라는 브랜드 캐릭터가 있다. 닭가슴살 경쟁 브랜드들이 증가함에 따라 '랭킹닭컴'의 브랜드 차별화를 위한 캐릭터가 필요하다고 느꼈다. 이에 아직까지 경쟁자들이 개발하지 않는 캐릭터를 개발해 랭킹닭컴을 이용하는 고객들이 서비스를 친숙하게 받아들일 수 있도록 '닭대리' 캐릭터를 내놓았다.

또 일부 우수 고객들에게는 '닭대리' 인형 굿즈를 만들어 선물함으로써 호감도와 충성도를 끌어올리는 전략을 택했다. 2020년 3월 26일에는 푸드나무 주주총회에 참석한 주주들을 대상으로 룰렛 이벤트를 통해 '닭대리' 인형을 선물하는 등 다방면에서 캐릭터의 활용으로 브랜드 호감도를 높였다.

푸드나무가 창업한 지 7년 만에 코스닥 시장에 상장할 수 있었던 두 번째 이유는 자신만의 비즈니스 철학을 브랜드 철학으로 잘 구축했고 (브랜드 플랫폼 구축) 자신만의 유통 자체 브랜드를 잘 개발했기(맛있닭, 맛있소 등) 때문이다. 브랜드 플랫폼을 구축하고 전 직원들이 이를 성공적으로 정착시키기 위해 노력했고, 닭가슴살은 맛이 없다는 인식을 바꾸기 위해 자신의 몸집에 맞는 유통 자체 브랜드 '맛있닭'을 네임으로 개발해 고객들의 호응을 얻었다.

또한 자신에게 적합한 브랜드 전략(맛있소, 맛있찬 등)과 자신만의 브랜드 캐릭터(닭대리) 개발을 통해 브랜드의 친숙도를 높여 고객들의 공감을 얻었다.

나 자신을 알자: 브랜드 철학을 구축하고 자신에게 맞는 브랜드 전략 및 네임, 슬로건들을 개발해야 한다.

경쟁자를 알자: 자신만의 캐릭터처럼 경쟁자들이 생각하지 않는 자기다움을 잘 표현해줄 수 있는 브랜드 아이덴티티 요소를 개발해야 한다.

고객의 공감을 얻자: 고객들이 원하는 제품과 이를 잘 인지시킬 수 있는 브랜드 네임 개발이 필요하며 호감도와 친숙도를 높이기 위한 브랜드 캐릭터 등의 브랜드 아이덴티티 요소들을 개발해야 한다.

4

몸집에 맞는 채널로 커뮤니케이션하라

스타트업 기업들은 초창기 마케팅 커뮤니케이션 비용이 적은 편이라 기업이나 브랜드를 알리는 것이 쉽지 않다. 물론 최근에는 소셜 미디어 채널을 이용해서 적은 비용으로 커뮤니케이션을 하는 방법이 있긴 하지만, 초기에는 이마저도 비용에 대한 저항을 느낄 수밖에 없다. 결국 자신의 몸집에 적합한 채널을 찾아서 최소한의 비용으로 최대의 효과를 높일 수 있는 방법을 찾는 일이 중요하다. 김영문 대표에게 사업 초창기 '랭킹닭컴'을 알리기 위해 어떤 활용을 했는지에 관해 물어봤다.

그도 역시 창업 초기에 커뮤니케이션을 위한 자금이 부족해서 '랭킹닭컴'이라는 닭가슴살 플랫폼 서비스를 어떻게 알려야 할지에 대한 고민이 많았다. 온라인상에서 네이버에 해당 서비스를 노출시키는 것이 가장 효과적이라고 판단했는데 막상 네이버에 광고를 하려고 보니 비용이 만만치 않았다. 그래서 효과적으로 노출시킬 수 있는 방법이 무엇일지를 고려하던 중 네이버의 지식인 서비스가 눈에 들어왔다.

지식인에 헬스 트레이닝 관련 문의가 올라오면 김영문 대표가 직접 헬스 트레이너 출신으로서 질문에 직접 답을 해주기로 한 것이다. 질문자의 질문에 답을 제시하면서 헬스 트레이닝과 닭가슴살의 관계를 설명하고 자연스럽게 랭킹닭컴 사이트를 노출시켰다. 이렇게 지식인을 통해 사이트 방문이 발생하고, 다시 구매로 이어지도록 했다.

불만을 말한다는 건 관심이 있다는 뜻이다

또한 그는 고객들과의 직접적인 소통이 브랜드 커뮤니케이션의 핵심이라고 생각했다. 자신들의 제품을 구매해준 고객들이 있었기에 지금의 푸드나무가 성장할 수 있었기 때문이다. 김영문 대표는 랭킹닭컴의 고객 게시판에 올라오는 고객들의 불만 사항을 다 읽고 직접 응대했다. 불만을 가진 고객들에게 해결방안을 제시했고 심지어 '블랙 컨슈머'들에게는 더 많은 보상을 해주기도 했다. 그는 기업에 불만을 말한다는 것이 곧 자신들의 브랜드에 관심을 갖고 있는 것이라고 봤다. 만약 관심이 없다면

- 악성을 뜻하는 블랙(black)과 소비자를 뜻하는 컨슈머(consumer)의 합성 신조어로 고의적, 상습적으로 악성민원을 제기하는 소비자를 뜻하는 말이다.

게시판에 불만의 글을 쓰지도 않고 외면하고 만다고 생각한 것이다. 이렇게 고객과의 직접적인 소통을 통해 문제를 해결하려고 노력했고 이것이 '랭킹닭컴'에서의 재구매율을 높이는 데 중요한 역할을 했다.

　2017년 김영문 대표는 하반기 광고 모델을 선정할 때 고민이 많았다. 푸드나무에 어울리는 모델을 찾는 과정에서 가장 중요하게 생각한 것은 바로 비용 문제였다. 커뮤니케이션 활동에 많은 비용을 쓸 수 없으므로 제품을 먹고서 실제로 효과를 본 것에 대해 고객들에게 전달할 수 있는 모델을 찾아야 했다.

　보통 헬스 관련 식품의 모델들은 건강한 헬스 트레이너나 날씬한 여성 연예인들을 기용하는 경우가 많다. 그런데 그는 모두가 찾는 모델들을 활용한다면 경쟁 브랜드들과의 차별성이 떨어질 것이라고 판단했다. 그래서 반대로 살집이 있는 여성 모델을 떠올렸다. 마침 결혼을 앞둔 여성 개그맨 홍윤화가 살을 뺄 계획이 있다는 소식을 듣고는 랭킹닭컴의 제품을 먹은 후 살을 뺀 모습을 보여주면 광고 효과가 클 것이라고 판단했다.

　홍윤화도 김영문 대표의 의사를 적극적으로 받아들여 23kg을 감량해내 '랭킹닭컴' 브랜드를 알리는 데 일조했다. 결국 브랜드를 알리는 커뮤니케이션의 차별화는 자기다움에 고객들이 공감을 할 수 있느냐에 달려 있다. 아무리 유명한 연예인을 모델로 활용해도 브랜드와의 연관성이 떨어진다면 고객들이 공감할 수 없고 자연스레 커뮤니케이션의 효과는 떨어질 수밖에 없다.

한편 김영문 대표는 코스닥 상장 이후 랭킹닭컴의 서비스를 알리는 커뮤니케이션 전략이 기존과는 달라야 한다고 생각했다. 소셜 미디어를 활용한 커뮤니케이션에서 벗어나 TV, 라디오 등의 채널을 통한 매체 광고까지도 고려해야 한다고 판단했기 때문이다. 마침 중소벤처기업부의 일부 지원을 받고 2020년 2월부터 6월에 처음으로 랭킹닭컴 브랜드 TV-CF 광고를 내보냈다.

이때도 광고모델에 대한 고민이 많았다. 특히 연예인들 중 헬스 트레이닝과 연관이 있으며 요리와도 관련 있는 모델이 필요했다. 그중에서도 많은 브랜드에서 보증된 연예인보다 광고 노출이 많지 않은 모델을 떠올렸다. 이에 적합한 연예인이 바로 차승원이었다. 당시 차승원은 tvN의 예능 프로그램을 통해 요리하는 모습이 소개됐고, 꾸준히 몸을 관리해왔기에 랭킹닭컴 서비스를 잘 보증해줄 것이라고 판단했다. 또한 그는 다른 브랜드의 모델 노출이 많지 않았기에 적합했다.

TV와 라디오 매체를 통한 커뮤니케이션으로 많은 사람들이 랭킹닭컴을 인지하게 됐다. 광고 효과로 인해 사이트를 방문하는 30~40대 고객들도 늘어났다. 이처럼 기업의 성장에서 커뮤니케이션 전략은 자신의 몸집에 맞게 집행해야 한다. 초창기 자본이 적을 경우 적은 비용으로 소셜 미디어 채널을 어떻게 활용한 것인지를 고민해야 하고 규모가 커짐에 따라 그 규모에 맞는 커뮤니케이션 채널을 찾아 남과 다른 시각으로 자기다움을 잘 표현해야 한다.

푸드나무가 창업한 지 7년 만에 코스닥 시장에 상장할 수 있었던 세 가지 이유는 자신만의 효율적이고 효과적인 브랜드 전달 방법(네이버 지식인을 통한 플랫폼 홍보)을 활용했고 자신만의 원칙으로 고객과 꾸준히 소통(고객 게시판 직접 응대)을 했기 때문이다. 또한 자신만의 안목으로 브랜드 보증인을 선정해(광고 모델) 제품의 사용에 대한 효과성을 잘 전달할 수 있었기 때문이다.

나 자신을 알자: 창업 초기 및 성장기에 있어 단계별로 자신의 몸집에 맞는 커뮤니케이션 채널을 찾아 전달해야 한다.

경쟁자를 알자: 남과 다른 나만의 강점을 잘 활용하고 남과 다르게 보는 눈으로 브랜드 보증인을 선정해야 한다.

고객의 공감을 얻자: 고객과의 직접적인 소통을 위해 고객 후기에 직접, 즉각적으로 응대하고 고객 불만을 해결해 선호도를 높이고, 이 선호도를 충성도로 만들어야 한다.

5

자기다움을
실천하라

나는 푸드나무의 초창기부터 코스닥 시장 상장에 이르기까지 7년 동안 한 스타트업 기업의 성장 과정을 옆에서 지켜봤다. 고객이 원하는 것에 가장 가까워지고자 하는 노력과 고객을 향한 감동 철학은 푸드나무가 크나큰 성장을 이룰 수 있었던 영양분이 됐다. 김영문 대표는 지금도 고객들의 감동과 편의를 위해 보디빌딩 전문 고객들을 대상으로 전문가용 제품을 선별해 판매하는 '개근질마트'와 건강한 삶을 추구하는 소비자의 라이프 스타일을 분석해 다이어트 식품, 용품, 의류 등 다이어트 관련 정보를 종합적으로 제공하는 다이어트 종합 플랫폼인 '피키다이어트' 등 새로운 브랜드들로 새로운 시장에 도전하고 있다.

푸드나무의 사례를 통해 스타트업 기업의 CEO들이 가져야 할 마인드를 생각하게 됐다.

의미 있는 차별화의 3가지 조건

그 첫 번째는 절실함이다. 그냥 한번 해보고 안 되면 만다는 식의 사고보다는 꼭 이루어야겠다는 절실함이 필요하다. 절실함은 자신의 약점이 원인인 경우가 많다. 우리는 약점을 숨기려고만 하지 겉으로 드러내서 강점으로 활용하려는 생각을 잘 하지 않는다. 그러나 약점을 강점으로 바꾸려는 다른 시각을 가지게 되면 또 다른 관점이 보인다. 스타트업 기업에게 있어 절실함은 약점이지만 분명히 강점으로 전환해 차별화를 이루는 데 활용할 수도 있다. 작기 때문에 일을 못하는 게 아니라 작기 때문에 더 잘 할 수 있는 일을 찾는 것이 중요하다.

두 번째는 고객 중심적인 사고이다. 문제 해결을 위한 정답은 고객의 마음을 읽는 것이다. 고개과의 소통을 위해 무엇을 해야 할지를 생각하고 실행해야 한다. 고객들에게 단순히 보여주고 말하는 '쇼앤텔*show and tell*' 방식에서 탈피해 고객들과 소통하는 '기브앤테이크*give and take*' 방식으로 바꾸어야 한다. 또한 다른 시각으로 내부 고객, 즉 직원도 고객으로 생각해 직원들의 의견에 귀를 기울여야 하고 고객들의 불만에 직접 응대함으로써 고객을 더 이해하려고 노력해야 한다.

세 번째는 브랜드 경영으로 차별화해야 한다. 창업 초창기 브랜드의 관점에서 경영을 바라보고, 내 브랜드는 경쟁사 대비 차별화를 이루고 있는지를 항상 체크해야 한다. 브랜드를 만드는 과정이나 관리하는 과정 속에서 고객들이 그 브랜드를 좋아하는지, 브랜드에 대한 불만은 없는지 등을 반드시 체크하고 반영해야 한다. 또한 브랜드 철학을 반영할 브랜드 플랫폼을 구축해 자기다움을 내부 구성원들과 공유해야 하며 브랜드의 일관성 및 차별화를 위해 커뮤니케이션 활동에 반드시 반영해야 한다.

이것이 바로 푸드나무의 성장 과정을 통해 살펴본 스타트업 기업이 자신의 몸집에 맞는 비즈니스 모델과 브랜드 개발 전략 및 커뮤니케이션 전략을 구축하고 차별화시킬 수 있는 방안들이다.

누군가는 김영문 대표가 운이 좋아서 창업 7년 만에 코스닥 시장에 상장했을 것이라고 추측하기도 한다. 그러나 프롤로그에서 언급한 것처럼 '운'이라는 단어를 뒤집어 보면 '공'이 된다. '운'은 쉽게 찾아오는 것이 아니라 '공'을 들여야 찾아올 수 있다고 감히 말하고 싶다. 이제 막 걸음을 뗀, 그리고 창업을 준비하거나 현재 진행 중인 스타트업 기업들이 단순한 다름만을 추구하지 말고 다르게 보는 눈을 통해 의미 있는 다름인 진정한 차별화를 이뤄내기를 바라며 이 책의 끝을 맺고자 한다.

에필로그

차갑게 식어버리는 다름
vs 뜨겁게 타오르는 다름

지금 이 시간에도 비즈니스를 시작하는 스타트업 기업 CEO들이나 기업체의 마케팅팀, 브랜드 관리팀, 디자인팀, 광고팀, 지자체의 도시브랜드 관리팀 등에서 차별화를 위해 불철주야로 노력하고 있을 것이다. 내가 차별과 차별화를 구분하고자 했던 의도, 다름에 대한 다른 시각은 앞에서 이야기했듯이 단순한 다름이 아닌 의미 있는 다름을 만들기 위해 자기다움을 명확히 하고 고객들로 하여금 공감을 얻어야 한다는 것이다.

성공한 비즈니스, 성공한 브랜드 사례들을 살펴보면 자신의 몸집에 맞는 전략을 구축하고 고객들의 공감을 통해 차별화를 이룬 사례들이 많다. 브랜드를 인지시키는 데 다르게 보는 눈은 매우 중요하다. 다르게 보는 눈을 통해 다름을 봐야 한다.

더욱더 '다르려는' 노력

다름에는 온도의 차이가 있다. 차갑게 식어버리는 다름(단순한 다름)과 뜨겁게 타오르는 다름(의미 있는 다름)이 있다. 단순한 다름으로 인지 단계까지는 오를 수 있을지 모르나 의미 있는 다름이 아닌 경우 선호 단계로 올라갈 수가 없다. 그래서 의미 있는 다름, 즉 고객이 공감할 수 있는 다름을 만들어야 한다. 진정한 차별화는 선호 단계를 뛰어넘어 충성 단계로 올라가는 데 중요한 역할을 한다. 고객의 공감대를 얻어 구매로 이어지게 하고 의미 있는 다름을 지속적으로 제공해 고객의 충성도를 얻을 수 있다.

애플을 사례로 들어보면 애플이 말하고자 하는 것은 바로 혁신이었다. 애플의 독특한 디자인과 기능은 고객들로 하여금 인지를 뛰어넘어 선호하게 만들었고, 지속적인 혁신, 즉 차별화가 고객들로 하여금 애플 브랜드에 대한 충성도를 높이게 했다. 스타트업 기업인 애플이 IBM이라는 대기업을 따라잡았을 때, 직원들은 그 상황에 안주하려고 했다. 이때 스티브 잡스Steve Jobs는 직원들을 대상으로 한 연설에서 "조금 더 나아졌다고 충분한 것이 아닌 더욱더 다르려고 노력해야 한다"는 명언을 남겼다.

그가 말한 다름은 바로 혁신이었고 이것은 단순한 다름이 아닌 의미 있는 다름, 즉 차별화를 말한 것이다. 이런 점을 생각하면 스타트업 기업의 CEO들이나 마케터, 브랜드 매니저들은 다르게 보는 눈으로 고객의 욕구를 잘 분석하는 분석력, 고객의 행동을 유심히 잘 살필 수 있는 통찰

력, 고객이 공감할 수 있는 것을 실행하는 실행력을 잘 갖추어야 한다.

　책에서 사례를 들어 설명한 '다르게 보는 눈'이 예비 창업가나 비즈니스를 시작한 스타트업 기업 CEO들, 기업의 마케팅, 브랜드, 디자인, 광고 담당자들 그리고 지자체 도시 브랜드 관리자들에게 조금이나마 도움이 되길 바란다.

Thanks to

이 책이 나오기까지 많은 분들의 도움을 받았습니다. 쏭북스 송미진 대표와 출판사 여러 관계자 분들, 다양한 프로젝트를 통해 여러 사례를 경험할 수 있게 해주신 기업체 담당자 분들, 스타트업 기업도 다르게 보는 눈과 자기다움으로 차별화에 성공할 수 있음을 사례로 보여주고 인터뷰에 응해주신 푸드나무 김영문 대표께 감사의 말씀을 드립니다. 브랜드를 처음 알게 해주신 윤경구 박사, 박사 논문을 지도해주신 이철규 교수, 또한 물심양면 도와주시는 모든 분들께도 감사한 마음을 전합니다. 마지막으로 인생의 동반자로 항상 응원해주는 나의 아내 김수현 쇼호스트에게 사랑과 고마움을 전합니다.

참고 자료

1. 《디퍼런트》, 문영미, 살림Biz, pp. 30~32.
2. 《드디어 팔리기 시작했다》, 안성은, 더퀘스트, pp. 277~285.
3. 플립플랍 만드는 동영상 https://duepung.blog.me/220384349266
4. 한국제지 밀크 기사 내용 http://www.cstimes.com/news/articleView.html?idxno=97148
5. 《마케팅, 온몸을 공략하라》, 홀텐 외, 비즈니스맵, pp. 178~179.
6. Piqueras-Fiszman, B.,& Spence, C.(2012), "The weight of bottle as a possible extrinsic cue with which to estimate the price (and quality) of the wine? Observed correlations." Food Quality and Preference. 25, pp. 41~45.
7. Instock 홈페이지 : https://www.instock.nl/en/
8. 《마케터의 여행법》, 김석현, 북스톤, pp. 142~144.
9. https://toozajournal.tistory.com/735?fbclid=IwAR0aQ_NuQQtoMfnSEq5nVmTWAy0STvvklvyzbZEx9jtzaUsKGfl
10. Park, C. W., Jaworski, B. J, and MacInnis, D. J. (1986), "Strategic Brand Concept-Image Management", Journal of Marketing, 50, pp. 135~145.
11. https://www.hankookilbo.com/News/Read/201802031027165387 (한국일보)
12. https://www.warbyparker.com/assets/img/impact-report/Impact-Report-2019-d.pdf (와비파커 리포트)
13. 《뉴 패러다임 브랜드 매니지먼트》, 장 노엘 캐퍼러, 김앤김북스, pp. 36~43.
14. 《뉴 패러다임 브랜드 매니지먼트》, 장 노엘 캐퍼러, 김앤김북스, pp. 31~30.
15. 《뉴 패러다임 브랜드 매니지먼트》, 장 노엘 캐퍼러, 김앤김북스, pp. 31~32.
16. 《아커·켈러·캐퍼러 브랜드 워크숍》, 윤경구, 유나이티드북스, pp. 223~230.
17. 《최고의 브랜드 네임은 어떻게 만들어지는가》, 스티브 리브킨, 김앤김북스, pp. 138~154.
18. Branding your business, James Hammond, Kogan Page, pp. 100~102.
19. 새우깡 중국 내 징글 광고 https://www.youtube.com/watch?v=-FRoPNQDLfs

20 하우젠 징글 광고 https://www.youtube.com/watch?v=ohU40KhdPtE
21 우루사 CM 광고 https://www.youtube.com/watch?v=ULY5Y3yLpLI
22 에쓰-오일 징글 광고 https://www.youtube.com/watch?v=LSxpIkrkDiY
23 AIA 바이탈리티 앱 징글 광고 https://www.youtube.com/watch?v=snCjDEZfgyM
24 시원스쿨 징글 광고 https://www.youtube.com/watch?v=lVsHLA7KyqI
25 《넛지》, 리처드 탈러, 캐스 선스타인, 리더스북, pp. 40~45
26 "브랜드 아이덴티티 담고 밀레니얼 세대 잡는 '굿즈 파워'", SM Culture & Contents, 2018년 11월 20일.
27 더피알 대한제분 인터뷰 내용 http://www.the-pr.co.kr/news/articleView.html?idxno=41803
28 《도시마케팅》, 서구원, 배상승, 커뮤니케이션북스, pp. 37~49, 81~88, 105~129.
29 Allan, M.(2004). Why brand places? Agenda, 64(FEBRUARY), pp. 3~4.
30 연합뉴스 통통영상 https://www.facebook.com/yonhapvideo/videos/1584110818567780
31 BMW 광고영상 https://www.youtube.com/watch?v=9rx7-ec0p0A&feature=youtu.be
32 네이버 지식백과, 베네통, 1991 - 광고에 담은 사회적 메시지(20세기 디자인 아이콘 : 광고, 김신, 월간 (디자인)
33 《공익적브랜딩》, 마크고베, 김앤김북스, pp.358~360.
34 《동아비즈니스 리뷰》, 2018년 9월 issue2, No. 257 유튜브 광고 트렌드 분석, pp. 65~67.
35 Gal, D., Wheeler, S. C., & Shiv, B.(2007), "Cross-Modal Influence on Gustatory Perception", SSRN, [http://ssrn.com/abstract=1030197].
36 Sunder, A., & Noseworthy, T. J.(2014). "Place the logo high or low? Using conceptual metaphors of power in packaing design", Journal of Marketing, 78, pp.138~151.
37 Meyers-Levy, J., & Zhu, R. (2007). "The Influence of ceiling height: The effect of priming on the type of processing that people use." Journal of Consumer Research, 34, 174~186.

38 《오감 브랜딩》, 마틴 린드스트롬, 랜덤하우스중앙, pp. 140~141.

39 Sensory Marketing, Bertil Hulten, Niklas Broweus, Marcus van Dijk, Palgrave Macmilian, pp.171~174.

40 《오감브랜딩》, 마틴 린드스트롬, 랜덤하우스중앙, pp.140~143.

41 Branding Your Business, James Hammond, Kogan Page, pp.123~129.

42 Milliman. R.E.(1982). "Using background music to affect the behavior of supermarket shoppers". Journal of Marketing. 46, pp.86~91.

43 《오감브랜딩》, 마틴 린드스트롬, 랜덤하우스중앙, pp. 125~128

44 《공간은 경험이다》, 이승윤, 북스톤, p. 131.

45 《오감브랜딩》, 마틴 린드스트롬, 랜덤하우스중앙, p.153.

46 Herz. R. S. (2004). "A Naturalistic analysis of autobiographical memories triggered by olfactory visual and auditory stimuli." Chemical Senses. 29. pp.217~224.

47 Herz. R. S. Schankier. C.,& Beland. S. (2004). "Olfaction, Emotion and Associative learning: effects on motivated behavior", Motivation and Emotion, 28, pp.363~383.

48 《감각을 디자인하라》, 김병규, 미래의 창, pp.94~96.

49 Branding Your Business, James Hammond, Kogan Page, p.143.

50 《오감브랜딩》, 마틴 린드스트롬, 랜덤하우스중앙, p.154.

51 "교보문고, 시그니처 향 '책향' 출시", 〈파이낸셜뉴스〉, 2018년 05월 08일 10:15

52 《마케팅, 온몸을 공략하라》, 베르틸 홀렌 외, 비즈니스맵, p.115.

53 Sensory Marketing, Bertil Hulten, Niklas Broweus, Marcus van Dijk, Palgrave Macmilian, p.226.

54 Sensory Marketing, Bertil Hulten, Niklas Broweus, Marcus van Dijk, Palgrave Macmilian, p.233~240.

55 https://www.behance.net/gallery/9367295/Happy-Eggs

56 https://www.youtube.com/watch?v=fJuJOzgA7YA 영상

57 M. Lindstrom, Brand Sense (New York: Free Press, 2005).

58 《마케팅, 온몸으로 공략하라》, 베르틸 홀텐 외, 비즈니스맵, pp.240~242.

59 J. Peck and T, L., Childers, "To have and to hold: The influence of Haptic information on Product Judgement." Journal of Marketing, 67, (2003): pp.35~48.

60 Elder, R., & Krishna, A.(2010), "The Effect of Advertising Copy on Sensory Thoughts and Perceived Taste", Journal of Consumer Research, 36, pp.748~756.

61 K. Ittersum, J. Painter, and B. Wansink, "How Descriptive Food Names Bias Sensory Perceptions in Restaurants," Food Quality and Preference, 16(2005): 393, 400.

62 H, T, Fincks, "The gastronomic value of odours", Contemporary Review, 50(1886), pp.680~695.

63 《왜 맛있을까》, 찰스 스펜스, 어크로스, pp.190~191.

64 J. Johnson & F. M. Clydesdale, "Perceived sweetness and redness in colored sucrose solutions", Journal of Food Science, 47(1982), pp.747~752.

65 《왜 맛있을까》, 찰스 스펜스, 어크로스, pp. 108~111.

66 《왜 맛있을까》, 찰스 스펜스, 어크로스, pp. 170~172.

67 《조금 다르게 봤을 뿐이야》, 중소벤처기업부, 벤처기업협회, pp. 16~19.

68 《조금 다르게 봤을 뿐이야》, 중소벤처기업부, 벤처기업협회, pp. 27~28.

사진 출처

30쪽
상단 Flickr
하단 inspiringslides.com

36쪽
왼쪽 인스타그램 계정 secremt15
오른쪽 인스타그램 계정 socofeel

41쪽
상단 florengina.wordpress.com
하단 restaurantguru.com

44쪽
하단 sembo.com.au

51쪽
상단 랭킹닭컴 홈페이지
하단 왼쪽 godairyfree.org

55쪽
상단 런드리고 홈페이지
하단 thatfoodcray.com

66쪽
한국제지 홈페이지

70쪽
하우스토리 홈페이지

80쪽
상단 Flickr

84쪽
상단 4urspace.com
하단 오른쪽 Flickr
하단 왼쪽 아베크롬비앤피치 홈페이지

100쪽
상단 concreteplayground.com
하단 재플슈츠 홈페이지

103쪽
구글 홈페이지

104쪽
Flickr

107쪽
상단 newcoventgardenmarket.com
하단 goodnet.org

111쪽
engadget.com

117쪽
Flickr

119쪽
상단 wjbf.com
하단 irishmirror.ie

120쪽
Flickr

140쪽
Q8 홈페이지

142쪽
sudonull.com

145쪽
bigw.com.au

148쪽
Flickr

150쪽
상단 Flickr
하단 스쿨룩스 홈페이지

154쪽
각 회사 홈페이지

156쪽
각 회사 홈페이지

158쪽
상단 매일유업 홈페이지
하단 청정원 홈페이지

166쪽
상단 varindia.com
하단 새우깡 중국광고 유튜브

174쪽
상단 인터파크 홈페이지
하단 삼성전자 홈페이지

178쪽
상단 미쉐린 홈페이지
하단 KFC 홈페이지

180쪽
상단 에쓰-오일 홈페이지
하단 365mc 홈페이지

186쪽
상단 빙그레 홈페이지
하단 theultralinx.com

188쪽
하단 adage.com

196쪽
echeblog.com

200쪽
코카콜라 홈페이지

206쪽
곰표 레트로하우스 홈페이지

209쪽
상단 스타벅스 홈페이지

211쪽
하단 tasteinhotels.com

216쪽
Flickr

221쪽
상단 gotobelfast.com
하단 공주시 홈페이지

228쪽
상단 eventmaker.com
하단 앱솔루트 페이스북 페이지

230쪽
상단 thedrum.com
중간 freakhole.com
하단 cargocollective.com

238쪽
배달의 민족 홈페이지

250쪽
상단 미키모토 홈페이지

252쪽
Flickr

257쪽
상단 폭스바겐 홈페이지
중간 Flickr
하단 토블론 홈페이지

272쪽
교보문고 홈페이지

277쪽
센서웨이크 홈페이지

281쪽
상단 orangina.eu
하단 Flickr

283쪽
thepackaginginsider.com

285쪽
상단 urban-drinks.de
하단 3M Scotch-Brite/Wash Your Bill 유튜브

293쪽
Flickr

296쪽
vioralid.com

300쪽
상단 rtbf.be
하단 cntraveller.in

312쪽
㈜푸드나무 홈페이지

다르게 보는 눈

초판 1쇄 발행 2020년 9월 7일
초판 2쇄 발행 2020년 9월 14일

지은이 김상률
펴낸이 송미진
뛰는이 임태환
알리는이 홍준의
꾸민이 김은영

펴낸곳 도서출판 쏭북스
출판등록 제2016-000180호
주소 서울시 마포구 큰우물로 75 1308호(도화동, 성지빌딩)
전화 (02)701-1700
팩스 (02)701-9080
전자우편 ssongbooks@naver.com
홈페이지 www.ssongbooks.com
ISBN 979-11-89183-11-0(03320)

ⓒ김상률, 2020
값 17,000원

- 이 책은 저작권법에 따라 보호를 받는 저작물입니다. 무단 전재와 복제를 금합니다.
- 이 책 내용의 전부 또는 일부를 사용하려면 반드시 저작권자와 도서출판 쏭북스의 동의를 받아야 합니다.
- 잘못된 책은 구입하신 서점에서 교환해 드립니다.
- 도서출판 쏭북스는 주식회사 시그니처의 브랜드입니다.
- 도서출판 쏭북스의 문을 두드려 주세요. 그 어떤 생각이라도 환영합니다.